이상한 게 아니라 색다른 거야

나름다움 No.1

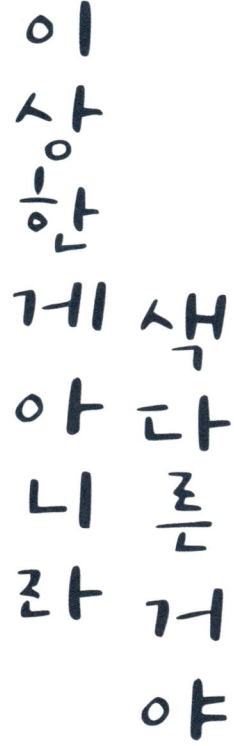

이상한 게 아니라 색다른 거야

김혜진 이화영 박소현 마승희 마상미
김수진 김도원 어혜진 김지운 박영숙 이현영

시작하는 말　　　　　8

🌸 RED

아픔과 열정

아픔을 이겨내고
열정을 펼쳐갈 이들에게　　　12

🌸 ORANGE

외로움과 사랑

사랑받고 있지만
외로움을 느끼는 이들에게　　　32

🌸 YELLOW

숨은 아이와 찾은 아이

반짝이는 나를
발견해 가는 이들에게　　　54

CONTENTS

 **GOLD**

변덕과 변화 — 나만의 황금빛 가치를 찾는 이들에게 … 78

 **GREEN**

상처와 치유 — 사람이 제일 중요한 이들에게 … 98

 **BLUE**

불통과 소통 — 마음의 빗장을 열고 싶은 이들에게 … 118

❋ INDIGO

고요함과 강인함

삶 속 강인한 지혜를
찾는 이들에게　　　140

❋ VIOLET

남다름과 색다름

양육에 혼란을
겪고 있는 이들에게　　　164

❋ MAGENTA

독재와 포용

나의 가치를
높이고 싶은 이들에게　　　188

CONTENTS

❀ CORAL PINK

섬세함과 예민함 타인의 애정과 관심에서
독립하고 싶은 이들에게   208

❀ BLACK

어둠과 빛 어둠 속
빛을 찾는 이들에게   228

나름다움   252

<휴인터랙트> '빛으로 소통하며 나누다'라는 울타리 안에서 만난 이들이 있다. 분명 하나의 똑같은 배움의 과정에서 만나게 되었지만 모든 게 색달랐다. 만나게 된 이유부터 마음을 나누고 소통하는 방법도 모두 달랐다. 특별하고 신기한 경험이었다.

'이들이 모여 무언가를 함께 해낼 수 있을까?'

걱정이 기대로 바뀔 수 있었던 것은 우리 모두 '틀림'이 아니라 '다름'이란 걸 알고 있었기 때문이었다. 시작을 외치기에 이것 하나로 충분했다. 꼭 똑같은 하나가 아니어도 괜찮지 않을까. 따로 또 같이. 이것이 요즘 사는 세상이 아닐까 싶었다.

"이상한데 이상하지 않은 우리 이야기를 써볼까요?"

시작하는 말

<휴인터랙트> 대표 **이현영**

사실 이 책은 '이상하다'(지금까지의 경험이나 지식과는 달리 별나거나 색다르다) 라는 단어에서 출발했다. 서로 다른 우리, 어제와 오늘이 다른 나이기에, 이상하지만 누구나 공감할 수 있는 이야기, 가장 나다우면서도 아름다운 삶의 이야기를 담았다.

"요즘 기분은 어떠세요? 무엇이 느껴지시나요? 어떤 향기에 끌리시나요? 지금의 나를 생각하면 어떤 컬러가 떠오르시나요?"

함께한 작가들이 상담하고 강의하며 수많은 이들에게 건넸던 질문들이다. 각자 자기만의 색다른 방식으로 사람들에게 나 자신을 만나볼 수 있는 시간을 전해왔다. 그러나 생각해 보면 상담사라서 자신의 힘듦은 쉽게 이야기하지 못했고, 전문가라서 언제나 당당하고 담담한 모습으로 살아와야 했다. 매일 변하는 세상 속, 매 순간 나와 우리는 변화하기에 끊임없이 나 자신을 알아차리고 챙겨줘야 한다고 말해왔다.
그래서 우리는 이번 기회를 통해 다시금 나 자신을 만나보고, 마음에 담아두었던 진솔한 이야기를 글로 써보기로 했다. 저마다 대표 또는 전문가라고 불리면서도 성공담을 담은 자기개발서나 지식을 전달하는 전문 서적이 아니라 에세이를 쓰게 된 이유이기도 하다.

글이란 참 낯설고 어려웠다. 말로 하라면 누구보다 잘할 텐데. 우리에게 글쓰기란 절대 쉽지 않은 또 하나의 도전이었다. 특히, 나 자신조차 잊고 있었던 순간을 마주해야 했다. 짧은 글 속에 나의 인생을 담고, 눌러왔던 감정을 표현하려니 막막하고 답답했다.
하지만 이 과정의 끝에 모두가 한결같이 말했다. '글을 통해 내 이야기를 할 수 있어서 감사했고, 앞으로 나와

같은 이들을 위해 더 많이 나누며 함께 살아가고 싶다.'
고 말이다.

이 책은 사람들에게 공감과 위로를 전하고 자신을 찾을 수 있도록 길을 안내하던 그녀들이 펼쳐놓은 열한 편의 <컬러 에세이>이다. 작가와 독자가 서로 감싸 안아주는 순간을 맞이하길 바란다.

아픔 과
열정

김혜진 🌸

<타로_봄> 대표.
컬러 카드를 통해 내면을 상담하는 사람.
컬러인터렉터, 미술심리상담사, 색채심리상담사,
조향사, 평생교육사.
@tarot_spring

HER'S WORK

컬러카드는 마음을 굳게 걸어 잠근 내담자들에게는 쉽게 마음을 열게 해주는 최고의 상담 도구라고 말할 수 있다. 컬러는 편견이 없다. 모두에게 평등하기도 하다. 상처받고 어디를 가고 있는지 목적을 상실한 이들이 잘못된 선택을 하지 않고, 올바른 길로 갈 수 있게 도와주는 마음의 안내자가 되어 위로의 순간을 함께 나누고 있다.

RED

<분노, 아픔, 상처, 경고, 증오, 애증, 불, 피, 생존, 본능, 가족, 건강, 사랑, 열정, 정열, 용기, 자극, 확신, 강렬함>

레드는 가장 순수한 컬러로 엄마의 자궁의 컬러다. 즉, 태초의 컬러라 할 수 있다. 다양한 컬러 중에 사랑과 애증, 열정과 분노처럼 가장 상반된 이미지를 가지고 있기도 하다. 레드는 생명의 근원이기에 살아가는 에너지이고 우리와 떼려야 뗄 수 없는 컬러이기도 하다.

HER'S STORY

생명을 전해주고 나 자신을 있게 한 존재는 가족이다. 그러나 가족이라는 이유로 더 깊은 상처를 주기도 하고, 원치 않은 상처를 받는 경우도 많다. 살아가는 데 있어서 어릴 적 가족들과의 기억은 큰 영향을 준다. 가족에게서 받았던 상처와 아픈 기억에서 벗어나고자 열심히 살아가다 보면 때로는 지칠 때가 있다.

이 글은 지쳐서 포기하고 싶은 순간에도 자책과 증오로 자신을 태우지 않고 온전한 나를 위한 열정을 다시 피웠던 경험을 담고 있다.

아픔을 이겨내고 열정을 펼쳐갈 이들에게

심장 소리라도 새어 나올까 봐 숨을 죽인다. 질질 끄는 발걸음 소리와 흥얼거리는 콧노래가 들리면 나는 어김없이 하던 것을 멈추고 아주 좁은 내 방으로 들어가 숨어야 했다. 곧 싸우는 소리와 물건이 부서지는 소리, 우는 소리가 들릴 것이기 때문이다.

평소에는 묻는 말에 대답조차 하지 않는 조용한 아버지이지만, 술을 마시고 온 날에는 크고 무서운 괴물처럼 변했다. 마치 용이 불을 뿜듯 그에게서 미친 듯이 시뻘건 화가 쏟아져 나왔다.

그때부터였을까. 나는 어린아이처럼 굴지 않았다. 집에서 살아남기 위해 눈물과 두려움을 숨겨야 했다. 세상에서 제일 안전해야 할 가족이 나에게는 제일 무섭고 두려운 존재였다.

어린 나는 아무도 나를 보호해 주지 않으니 누구보다 강해질 거라 다짐하며 살았던 것 같다. 「더 글로리」의 문동은도 나와 같은 심정이었을까. 지금은 아무것도 할 수 없지만, 힘을 가진 어른이 돼서 가해자에게 똑같이 복수하리라. 불같은 증오가 나의 삶의 원동력이 되었던 것만은 확실하다.

어른이 되어서도 집에서 벗어나는 것은 쉽지 않았다. 아버지와 다툼이 있던 어느 날, 나는 홧김에 집을 뛰쳐나오고 말았다. 너무 막막하고 죽고 싶어서 잠옷을 입은 채로 집을 뛰쳐나와 차를 타고 그냥 무작정 달렸다. 나만 없어지면 될 것만 같은 기분이었다. 멈추고 싶지 않았다. 그대로 사라지고 싶었지만 결국 갈 곳이 없어 나는 다시 주차장으로 돌아왔다. 차 안에서 미친 듯이 내 안의 울분을 쏟아내며 서럽게 펑펑 울었다.
한참 울다가 문득 깨달았다. 나는 지금까지 어디로 가는지조차 모르고 살았구나. 상처뿐인 기억에서 벗어나고 싶어 무작정 열심히 살아가기만 했다. 삶의 목표를 향해 제법 많이 왔다고 생각했지만 나는 그 자리에 계속 머물러 있었다.
큰소리가 무서워 집 앞에 숨조차 크게 못 쉬고 쪼그리고 앉아있던 어린 시절 내가 그대로 내 안에 살아있었다.

그 아이는 여전히 그늘진 얼굴로 보호해 줄 사람 하나 없이 그 자리에 그대로 앉아 있었다. 내 안의 그 아이에게 다가가 '괜찮아.'라고 말해주고 싶었지만 차마 가까이 가지 못하고 하염없이 울었다.

우선 약의 도움을 받아서라도 일어서기로 했다. 동네에 있는 정신의학과부터 검색했다. 코로나 이후 힘든 상황을 위로하고 소통할 수 있는 사람 간의 교류가 없어져서 예전보다 환자들이 더 많아졌다고 의사가 말했다. 마음에 깊은 상처를 지닌 사람이 이렇게 많은지도 처음 알게 되었다.

'왜 나만 힘들지? 왜 나에게만 이런 고통을 주는 걸까?'

나는 항상 자책만 했다. 신께 원망만 했던 내가 부끄러웠다. 이제라도 낮아진 자존감을 회복시키고 싶었다. 내가 무엇을 할 때 제일 행복한지 찾기로 했다. 일상생활 중, 길을 걷거나 드라마를 보면서도 내가 지금 행복한지 알아차리는 것부터 시작했다. 밀린 숙제를 하듯 내가 미소 짓고 있는 순간이 언제인지 계속 살폈다.

출근길에 귀여운 강아지를 보면 미소 짓는 나.
꽈배기가 맛있어서 웃는 나.
예능을 보면서 실컷 웃는 나.
딸아이를 보면 저절로 미소 짓는 나.

요즘은 어린 시절 내가 누리지 못한 행복을 조금씩 찾아가고 있다. 행복은 내 손에 닿는 아주 가까운 거리에 있었다. 이제 그것은 가족조차도 어쩌지 못하는 원래의 내 것이었음을 기억하려고 한다.

나를 찾기 위한 과정으로 색채심리를 공부할 때, 나 자신을 떠올릴 때면 항상 레드가 떠올랐다. 보통 레드는 열정을 의미한다. 또 의욕이 넘칠 때, 자신의 매력을 표현하고 싶을 때 레드가 좋아진다고 한다. 하지만 흥분과 분노, 공격성의 부정적인 이미지도 있다.
나에게 레드는 어린 내게 불같이 화를 쏟아내는 공격적인 아버지를 떠올리게 했다. 아버지는 무섭고 두려운 존재지만, 나에게 스스로 땔감을 준비하고 불을 피울 수 있는 강한 생명력을 주었다. 그 집에서 살아남기 위해 열심히 살아갈 수밖에 없었기 때문이다. 직장을 다니면서도 악착같이 공부할 수 있었고, 컬렉터처럼 미친 듯이 자격증을 취득하며 나를 더 담금질할 수 있었다. 하지만 내면의 상처를 무시한 채 앞만 보면 열심히 살았던 터라 자존감은 바닥을 친지 오래였다. 결국 자살 충동까지 일어나 병원에 갔을 때는 중증 우울증과 번아웃 판정을 받았다.

삶의 전환점은 의외로 시련 속에 있다고 생각한다. 과감하게 십오 년을 다닌 직장에 사직서를 냈다. 심리상담을 받고, 미술 심리를 공부하면서 나의 상처를 알아차리기 시작했다. 두려웠지만 좋은 선택이었다. 말로 풀기 어려운 나의 상처들을 컬러로 풀어나가기 시작하면서 조금씩 우울증 약을 줄일 수 있었다. 나는 두려움을 이겨내고 삶의 기회를 잡았다고 생각한다.

나는 워킹맘으로서 육아에 소홀했다는 자책감을 벗어던지고, 아이와 많은 시간을 갖기로 했다. 색채심리 수업에서 배운 것을 복습하면서 아이에게 엄마 하면 떠오르는 색을 스케치북에 칠해보라고 했다. 딸아이의 그림 속의 나는 불규칙한 선들로 이루어진 진한 빨간색, 레드였다. 충격적이었다. 아이가 말을 듣지 않고 투정을 부릴 때면 나도 모르게 아버지처럼 어린 딸에게 시뻘건 화를 내던지고 있었던 것이었다.
오은영 박사의 <금쪽같은 내 새끼> 방송을 보며 자식에게는 내 트라우마를 대물림하지 말자고 다짐했건만 어느새 나는 불같은 엄마가 되어있었다. 내가 제일 증오했던 아버지의 모습으로 아이를 양육하고 있었다.

슬프게도 어느새 우리는 같은 상처를 가진 동지가 되어 있었다. 이후, 나와 딸아이의 마음 상처를 치유하기 위해 상담 공부에 더 매진하게 되었다. 현장 실습을 나가면서 몸의 상처처럼 마음의 상처도 제때 치료하지 않고 방치하면 곪아 버린다는 것을 배우게 되었다. 또 마음의 상처는 꾸준한 상담을 통해 자신의 감정의 변화를 의식하면서 충분히 회복할 수 있다는 것도 깨달았다.

유독 크고 밝게 느껴지는 보름달이 뜬 날이었다. 상담을 마치고 돌아오던 길에 나는 아이와 모처럼 깊은 대화를 시도했다.

"엄마는 부모님에게 받는 따뜻한 사랑의 느낌이 무엇인지 모르겠어."

나의 솔직한 고백을 들은 아이는 가늘고 여린 팔로 나를 꼭 안아주며 말했다.

"이런 느낌이야. 사랑해."

처음 느껴본 따뜻하고 사랑스러운 느낌에 눈물이 왈칵 쏟아졌다. 나는 어린 딸아이의 품에서 펑펑 울고 말았다. 조용히 나의 등을 토닥이는 작은 손이 흉터로 가득한 내 마음을 어루만져 주는 듯했다. 사랑은 다른 사랑으로 잊힌다는 말처럼 가족에게 받은 상처를 가족에게 치유 받는 순간이었다.

만약 내가 용기를 내서 부모님께 먼저 다가갔다면 어땠을까. 무작정 상처를 덮어두고 괜찮은 척 살아가는 대신 부딪혀 볼 용기를 내보기로 했다. 나는 아버지를 찾아가서 무턱대고 부탁했다.

"이유는 묻지 말고, 미안하다고 해줘!"
"……. 미안해."

겸연쩍은 얼굴로 툭 내뱉은 말이었지만, 아버지도 이유를 아는 듯한 표정이었다. 물론 모든 것을 용서할 수는 없지만, 이 말 한마디에 몇십 년간 끌어안고 있었던 미움이 녹아내리는 듯했다. 평생을 원망하며 자책했던 이유는 단지 그 말을 듣지 못해서였나보다.

어쩌면 우리는 자기도 모르게 가족이라는 이유로 서로에게 많은 감정을 쏟아내며 살고 있는지도 모르겠다. 부모와 자식은 서로에게 없어서는 안 되는 소중한 존재지만, 편하다는 이유로 감정의 학대를 하고 있었던 것은 아닌지 나부터 점검해 봐야겠다. 마음의 상처 자국은 없어지지는 않겠지만 조금씩 옅어지리라.

지금의 나는 스스로를 의심하지 않는다. 나를 다독이고자 거울 속 나를 찬찬히 바라보았다. 그러고보니 나의 가슴 한편에는 빨간 양귀비 문신이 있다. 양귀비의 꽃말은 위로와 위안이다. 예전에 마음이 너무 아파서 상처를 잊기 위해 나의 가슴에 새겼다. 나는 오늘도 빨간 상처를 지우려고 애쓰기보다는 그대로 받아들이고 스스로 위로하고 있다.

나는 이제 색채심리와 미술치료를 활용하여 내가 도움을 줄 수 있는 사람들과 함께 마음을 나누고 있다. 특히 나에게 찾아오는 내담자 중 가족에 대한 이슈가 있는 청년들이 올 때면 마음이 빠르게 열리고, 더욱 열심히 하게 되는 것 같다. 아픔이 있더라도 누구보다 열심히 살려고 하는 이들이 더욱 잘 살기 바라는 마음일 것이다. 어쩌면 나는 사람들이 나처럼 원망과 자책으로 삶을 살아가지 않도록 돕고, 아픔을 삶의 열정으로 변화시킬 수 있다는 것을 안내하고 싶어서 이 일을 하는지도 모르겠다.

지금의 청년들이 그리는 세상에서 우리 아이들이 살아갈 것이기에 그들이 아프지 않고 행복했으면 좋겠다. 내가 진심으로 상담을 해줬던 것처럼 우리 아이들에게도 그들이 좋은 선배이자 스승이 되어주기를 소망한다.

김혜진 . 27

눈동자에는 아직도 어린 소녀가 살고있는데

대한민국의 장녀로 태어나
지붕(책임감)을 받치고 자란 여인

사회에서는 웃는 얼굴로 상처받고
그 피로 예쁜 꽃(가정)을 피웠네

가족들 몰래 울던 눈물은 강이 되어
어린 새싹(자식)을 키우네

뿌리가 단단하여 오늘도 이 자리에서 살아가네

김혜진

HER'S WORDS

30 . 이상한 게 아니라 색다른 거야

가슴 속에 간직하고 살았던 나의 경험담을 책으로 내보자고 처음 제안을 받았을 때, 혹시라도 나의 상처를 누군가가 알게 되는 것이 가장 두려웠다.
그렇지만 이 기회가 나의 삶을 성장시켜줄 것이라는 확실한 믿음이 있었다. 드라마 「사이코지만 괜찮아」에서 나오는 대사처럼 말이다.

"트라우마는 피하지 말고 마주 봐야지."

아픈 기억을 글로 마주하면서 객관적으로 내면을 보게 되고 스스로 위로할 수 있었다.

이 글은 나와 나의 가족에게 아픈 상처에 반창고가 되어주었다. 가족을 통해 받았던 아픔을 가족을 통해 치유할 수 있다는 것을 알려준 나의 딸에게 감사의 마음을 전하고 싶다.

이 글을 통해 누군가에게는 공감을 때로는 마음의 위로가 되었길 소망한다.

외로움 과
사랑

이화영 🌸

<빛소리> 대표.
피아노를 전공했으며 컬러인터랙터 전문가 과정을 수료하고 현재는 음악으로 색다른 감정에 대해 강의하고 있다.
@e_hy1031

HER'S WORK

빛소리는 컬러(빛) + 음악(소리) 의미를 담고 있다. 컬러인터랙터로 활동하며 빛에 빛을 더하고 소리에 소리를 더하여 느낀 감정을 나누고 사람들의 삶에 울림을 전하고 있다. 항상 이름 앞에 붙여온 '아파시오나토'라는 단어는 열정이라는 의미이다. 연주와 강연 등 모든 일에 열정을 쏟고 있다.

ORANGE

<흥분, 쇼크, 학대, 오지랖, 억압, 트라우마, 과거지향, 스트레스, 창조, 긍정, 기쁨, 즐거움, 따뜻함, 명랑함, 깨달음, 자유, 용기>

오렌지는 레드와 옐로우의 중간에 있는 컬러로 레드의 강렬함, 옐로우의 즐거움이 혼합된 기분을 표현한다. 그래서 에너지 넘치고 긍정적인 성향을 가지고 있다. 창의적인 아이디어에 호기심을 느끼면 바로 실행에 옮기는 대담한 성격도 가지고 있으며 뚜렷한 목표 지향적 관계를 선호하는 특징이 있다.

HER'S STORY

무대 위의 나는 조명과 사람들의 사랑으로 빛나고 화려해 보이지만, 내면에는 외로움이 가득 차서 항상 사람들의 관심을 받고 싶다. 나는 왜 자꾸만 외로움을 느낄까. 이 감정을 내 안에서 밀어낼수록 더한 외로움에 갇히게 된다. 일상에서 만나는 오렌지빛 해돋이나 노을은 그 안에 어둠을 감싸 안고 있기에 더 따뜻하게 느껴진다. 이처럼 외로움도 피하기보다는 받아들여야 한다.

이 글은 사람들이 주는 관심과 사랑으로 외로움을 채우기보다는 나만의 방법으로 사람들에게 선한 빛이 되고 싶은 이야기이다.

사랑받고 있지만 외로움을 느끼는 이들에게

눈부신 조명이 들어온 무대 위는 늘 소란스럽다.

"하나. 둘. 셋. 마이크 테스트."
"반주자님. 피아노 부탁합니다."
"음향 체크 합니다. 모니터 확인해 주세요."

공연이 있는 날이다. 합창단 단원들은 발성 연습과 마지막 리허설을 한 후 분주하게 옷을 갈아입기 시작했다. 무대 뒤에서 관객석을 바라보고 있던 나는 공연의 시작을 알리는 조명이 들어오자 긴장감과 설렘으로 온몸에 전율이 느껴졌다. 잠시 암전이 되었다가 다시 눈부신 조명이 켜지면 단원들과 지휘자가 무대 위로 입장하고 나는 피아노 앞에 앉는다. 관객들의 박수와 환호성 그리고 휘파람 소리는 나를 더욱 힘이 나게 했다. 무대 위의 조명은 노래 가사에 따라 블루와 바이올렛의 푸른색, 때로는 오렌지색으로 바뀌며 나에게 쏟아졌다.

마지막 곡이 끝나고 관객들이 모두 돌아가고 나면 나는 한참 동안 텅 빈 공연장을 둘러보곤 했다. 나를 빛나게 해준 조명이 꺼지면 긴장과 설렘으로 가득했던 나의 감정은 어느새 공허함으로 변하고 외로움이 불현듯 밀려왔다. 그럴 때면 영화에서 들었던 '연극이 끝난 후'란 노래가 머릿속에 맴돌았다.

<연극이 끝나고 난 뒤 혼자서 객석에 남아 조명이 꺼진 무대를 본 적이 있나요. 음악 소리도 분주히 돌아가던 세트도 이젠 다 멈춘 채 무대 위엔 정적만이 남아있죠. 어둠만이 흐르고 있죠.>

조용히 혼자 노래를 읊조리면 외로움이란 감정을 애써 밀어내지 않고 자연스럽게 받아들일 수 있었다. 그렇게 해야 나의 마음에서 외로움이 조금씩 사라지는 것 같은 느낌이 들었다.

여섯 살 때, 엄마는 나를 데리고 피아노 학원에 상담하러 갔다. 피아노를 치기에는 손이 작다는 말에 속상했던 엄마는 동네 작은 교회에서 오르간을 배우게 했다. 오르간은 양쪽 발을 번갈아 가며 페달을 밟아야 소리가 났는데 체구가 작았던 나에겐 너무 버거웠다. 하지만 나는 포기하고 싶지 않았다. 초등학교 4학년 때 본격적으로 피아노를 배웠고, 각종 콩쿠르 대회에 참가해 여러 번 입상까지 했다. 그때부터 나는 피아니스트를 목표로 하여 음악을 공부했다. 중학교 때는 교내 합창단 반주자로, 고등학교 때부터는 교회 반주자로, 오케스트라에서는 건반을 맡으며 꾸준히 활동했다.

성인이 되어서도 합창단에서 반주자로 국내외 공연을 바쁘게 다니며 사람들의 많은 관심과 사랑을 받았다. 화려한 조명이 비추는 무대 위에서는 항상 빛나는 나였지만, 그때도 역시 공연이 끝나고 나면 잘 끝냈다는 뿌듯함과 동시에 공허한 느낌도 들었다. 그런데도 내가 다시금 무대를 서고자 했던 이유는 그 누구보다 엄마에게 한 번이라도 진심 어린 '잘했어. 최고였어.'라는 말을 듣고 싶었기 때문이었다.

어려서부터 나는 항상 엄마에게 따뜻한 관심을 받고 싶었지만, 엄마는 그런 말을 해줄 여유가 없었던 것 같다. 미용실을 운영했던 엄마는 늘 바빴다. 손님들을 응대하느라 분주했고 그런 엄마에게 어리광을 피울 순 없었다. 그래서였을까. 엄마의 관심이 간절했던 어린 나는 동네에서 온갖 말썽을 피웠다. 교회 목사님 아들을 재래식 화장실 아래로 밀어버린 일, 우리 미용실 바로 옆 이발소 친구를 구둣발로 차서 쌍코피 터지게 한 일, 엄마의 화장품을 다 꺼내어 얼굴에 덕지덕지 발랐던 일, 비어있는 큰 항아리에 들어가 몇 시간 동안 잠들어 버린 일, 하루가 멀다 하고 나는 사고를 쳤다. 그런 일들이 일어나야 엄마가 나를 봐주었기 때문이다.

엄마는 내가 고등학생이 되었을 때 이모와 일본으로 여행을 다녀왔다. 일주일 정도의 짧은 여행을 다녀온 엄마는 갑자기 일본에서 생활하고 싶다고 했다. 나와 가족들은 많은 반대를 했지만, 엄마는 결국 내가 스무 살이 되던 해에 혼자 일본으로 떠났다. 바쁜 엄마였어도 항상 내 옆에 있을 거로 생각했는데. 나는 그렇게 떠나버린 엄마를 많이 원망했고 엄마의 빈 자리가 커서 너무 외로웠다.
엄마도 일본에서 자리 잡기까지 많은 어려움이 있었지만, 일본어 공부부터 시작하여 음식점 주방일, 마트 계산원 등 아르바이트를 하며 요식업 사업을 위한 꿈을 이루어 나갔다.

나는 이십 대 후반에 결혼하고 아이를 낳아 엄마가 되었다. 아이가 다섯 살이 되던 해, 휴가를 맞아 가족들과 일본으로 여행을 간 적이 있다. 엄마가 공항으로 마중 나왔고 우리는 엄마의 집으로 갔다. 오랜만에 만나서 서로 어색했지만, 길지 않은 일정이었기에 엄마와 즐겁게 지내고 싶었다.

여행의 마지막 날, 저녁을 먹고 엄마와 단둘이 이야기하게 되었다. 엄마는 그동안 일본에서 있었던 일들을 얘기해 주었고 나도 내가 살아 온 이야기를 꺼내 놓았다. 엄마와 나는 즐거운 이야기에는 깔깔거리며 웃기도 하고, 힘들었던 이야기에는 서로 다독여 주기도 하였다. 그러다 자연스럽게 엄마가 한국에서 미용실을 운영했던 그때의 이야기를 하게 되었다. 한참 동안 묵묵히 나의 이야기를 듣던 엄마는 나를 바라보며 말했다.

"미안해."

나의 마음 한편에서 울컥함과 먹먹함이 밀려왔다. 목에 복숭아씨 하나가 걸려있는 듯한 느낌이었다. 침을 계속 삼켰지만 좀처럼 그 느낌은 사라지지 않았다.

"엄마의 사랑을 듬뿍 받고 자라야 할 때 그렇게 해주지 못해서 정말 미안하구나."

눈에 고여있던 눈물이 뚝뚝 떨어졌고 목이 메어와 나는 엄마에게 아무 말도 할 수가 없었다. 엄마는 나를 꼭 안아주었고 나는 엄마의 품 안에서 한참 동안 눈물을 흘렸다. 나는 엄마에게 그동안 한 번도 하지 않았던 말을 했다.

"엄마가 많이 원망스러웠어. 그래도 너무 보고 싶었어."

멈추지 않는 내 눈물을 닦아주던 엄마는 노래를 불러 주었다.

"반짝반짝 작은 별 아름답게 빛나네. 서쪽 하늘에서도 동쪽 하늘에서도 반짝반짝 작은 별 아름답게 빛나네."

환하게 빛나는 사람이 되라고 지어주신 내 이름을 떠올리며 엄마와 자주 불렀던 노래이다. 나도 엄마를 따라 불렀다. 노래가 끝나자 엄마는 다시 이야기를 시작했다.

스무 살도 채 안 되는 나이에 결혼한 엄마는 가족이 있다는 행복함은 있었지만, 어린 나이에 모든 게 낯설었고 어려웠다고 했다. 음악을 했던 아빠의 수입이 일정하지 않아서 엄마가 뭐라도 해야겠다 싶어 선택했던 것이 미용이었다. 엄마는 두 남매를 키우면서 미용실도 운영하느라 정신없는 날들을 보냈다. 반복되는 일상에 힘겨운 날도 있었지만, 오빠와 내가 커 가는 모습에 힘을 얻기도 했다고 했다. 그러다가 한 번씩 내가 동네에서 사고를 치는 날에는 상황을 수습하기 바빴고, 화가 나는 마음보다는 어린 나에게 미안한 마음이었다고 했다.
생각해 보니 그랬다. 엄마는 사고를 친 나에게 단 한 번도 화를 내거나 혼을 낸 적이 없었다. 상황을 수습하고 나면 오히려 가만히 꼭 안아주었다. 엄마는 몰랐던 게 아니었다. 내가 엄마에게 관심을 받고자 했던 행동들이었다는 걸 알고 있었다. 너무 늦게 엄마의 마음을 알았다. 엄마도 힘들고 외로웠을 텐데 나는 너무 내 생각만

했던 건 아니었을까. 엄마에게도 따뜻한 말과 사랑이 간절했을 거란 생각을 하지 못했다. 나는 삼십 년이 넘는 시간이 흘러서야 엄마에게 이렇게 말했다.

"엄마. 너무 늦게 엄마의 마음을 헤아려 드려서 죄송해요. 그리고 사랑해요."

엄마도 참고 있던 눈물을 흘렸다. 엄마와 나는 서로에게 큰 걸 바라는 게 아니었다. 작은 관심과 사랑 그리고 힘이 되어 줄 따뜻한 말이 필요했을 뿐이다.

그 순간 나는 영화 속 주인공 '모아나'가 생각났다. 모아나가 힘들 때마다 가장 큰 힘을 주었던 건 할머니의 따뜻한 말 한마디였다.

'네가 어딜 가든지 늘 곁에 있을 거야.'

끝이 어딘지 모를 험난한 바다로 혼자 나아가는 건 실제로 몹시 두려운 일이다. 따뜻한 말의 힘이 모아나에게 용기를 주었을 것이다. 이처럼 말은 참으로 강한 힘을 가지고 있다. 좋은 말 한마디가 용기와 희망을 주고, 때로는 한 사람의 생명을 살리기도 한다. 나는 이제 그 힘을 나누면서 살아가려고 한다.

'한 사람의 관심과 애정이 누군가의 인생을 바꾼다.'

「유 퀴즈 온 더 블럭」이라는 방송에서 진행자 유재석이 했던 말이다. 그는 그 자리에 오기까지 스스로 열심히 한 것도 있지만, 주변 동료들과 제작자의 관심이 없었더라면 지금의 자신은 없었을 거라고 했다. 너무 공감되는 말이다.

나는 피아노 레슨을 하면서 내가 받지 못했던 관심과 사랑을 아이들에게 쏟고 있다. 레슨을 하다가 재능이 보이는 아이들은 경험 삼아 콩쿠르에 참가하게 한다. 1분 30초도 안 되는 짧은 순간을 위해 아이들은 몇 개월간 준비하고 연습한다. 대회 날 아이들은 조명이 비치는 큰 무대 위 피아노에 앉아 그동안 연습했던 곡을 연주한다. 곡이 연주될 때마다 나는 아이들과 하나가 되어 함께 호흡한다. 순서가 끝난 아이들은 나에게 달려와 그 순간 느꼈던 감정들을 이야기한다.

"선생님. 너무너무 떨렸어요."
"심장이 터지는 줄 알았어요."
"선생님. 많이 틀렸어요. 어떻게 해요?"

나는 아이들을 한 명씩 안아주면서 이렇게 말한다.

"참 잘했어. 오늘 최고로 빛났고 너희들의 무대였어."

아마도 내가 엄마에게 듣고 싶었던 말을 아이들에게 해주면서 대리만족을 느꼈던 것 같다. 연주가 끝난 후 내가 느꼈던 허전함과 외로움을 아이들은 느끼지 않았으면 하는 마음이었다.

나에게 오렌지는 나를 돋보이고 빛나게 해주는 컬러였다. 오렌지빛 조명은 항상 나를 빛나게 했고, 내가 오렌지빛 코트를 입은 날에는 사람들의 시선이 나에게 집중이 되었다.
그런데 어느 날, 공연이 끝나고 집으로 가는 길에 아름다운 노을을 보게 됐다. 말로 형용할 수 없는 오렌지와 함께 어우러진 연한 빛의 핑크와 블루는 공허한 나의 마음을 따뜻하게 감싸주고 위로해 주는 듯했다. 그날부터 나는 오렌지를 다른 시선으로 바라보고 특별하게 생각하게 됐다. 오렌지는 일출과 일몰처럼 하루의 시작과 끝을 알려주며 온 세상을 따스한 빛으로 감싸준다.

지금도 나는 사람들의 관심과 사랑을 받고 있다. 하지만 이제는 나에게 주는 관심과 사랑을 받기만 하진 않을 생각이다. 내가 먼저 사랑으로 감싸주려고 한다.
나의 사랑은 핑크도 레드도 아닌 오렌지빛 사랑이다. 아직은 한 사람의 인생을 바꿀 정도의 힘까지는 아닐 수 있지만, 이제는 누군가에게 따뜻한 말로 용기를 주고 위로가 되고 싶다. 또 스스로 돋보이기보다는 눈부신 조명처럼 그 사람 삶의 일부가 반짝반짝 빛나게 해주는 사람이 되고 싶다. 내가 느꼈던 공허함과 외로움을 이겨 나갈 수 있게 나만의 컬러와 빛으로 선한 영향을 주는 사람이 되고 싶기 때문이다.

빛으로 세상을 비추는 나의 연주는 아직 끝나지 않았다.

지금부터 시작이고 앞으로도 계속될 것이다.

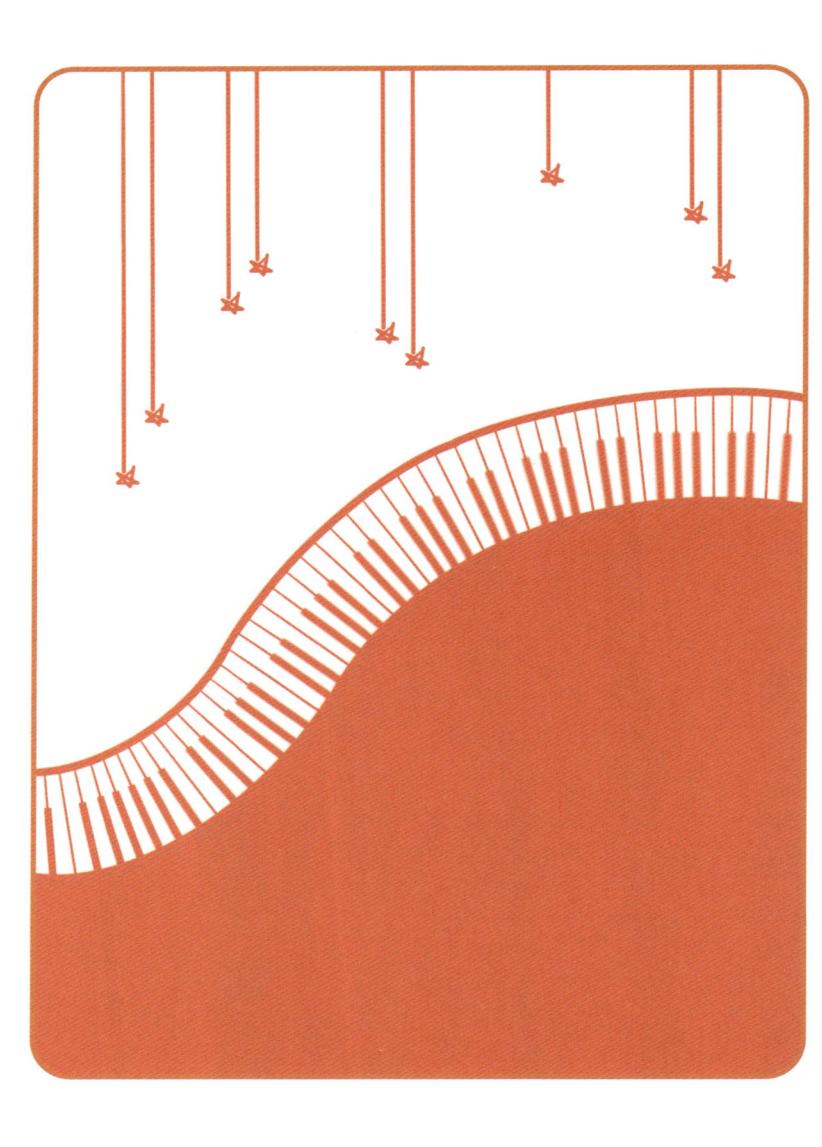

오렌지의 Play List

싹스리 〈여름안에서〉, 쿨 〈해변의 여인〉,
씨스타 〈SHAKE IT〉, 라붐 〈상상더하기〉,
울랄라 세션 & 아이유 〈애타는 마음〉,
박경 〈보통연애/(Feat.박보람)〉,
마마무 〈1cm의 자존심〉
송민호 〈도망가〉, 지코 〈Seoul Drift〉

위의 음악들은 화려한 조명 아래, 뜨거운 햇살 아래 반짝반짝 빛나는 밝은 에너지를 주는 오렌지와 잘 어울리는 음악들이다.

창의적인 오렌지는 박자를 자유자재로 가지고 노는 힙합과도 잘 어울린다.

이화영 .

HER'S WORDS

52. 이상한 게 아니라 색다른 거야

모든 컬러에는 자기만의 독자적인 의미가 있고, 같은 컬러라 해도 주어진 환경과 상황에 의해 사람마다 느끼는 감정과 기분은 다를 수 있다.

러시아 화가 바실리 칸딘스키는 이런 말을 했다.
"색깔은 영혼에 직접적으로 영향을 미친다. 색상은 건반이고, 눈은 해머이며, 영혼은 현이 많은 피아노과 같기 때문이다. 예술가는 영혼에 진동을 일으키기 위해 의식적으로 이 건반, 저 건반을 누르며 연주하는 손이다."

컬러를 공부하면서 컬러에도 어울리는 음악이 있다는 걸 알게 되었다. 이 책에서 나는 오렌지에 관한 플레이 리스트를 추천했는데 인스타그램에는 다른 컬러에 관한 플레이 리스트도 있다.

글을 쓰면서 나의 내면이 단단해져 가는 것을 느꼈다. 독자들에게도 힘들 때나 감정이 좋지 않을 때마다 꺼내어 보고 싶은, 그래서 위로가 되는 글이 되길 바란다.

숨은 아이 와 찾은 아이

박소현

임상심리사. 글과 그림과 컬러와 심리검사를 좋아한다. 내담자를 알아가고 소통하는 다양한 도구들이 있다. 그 중 내가 선택한 도구는 컬러와 심리검사이다.
@art_mind_atelier

HER'S WORK

나는 심리검사를 하고 상담하는 일을 하는 임상심리사다. 심리학은 마음을 이해하는 학문이다. 나도 모르는 나의 마음을 이해하고 싶어서 심리를 공부하게 되었다. 나를 만나기 시작하면서 사람의 마음을 더 깊이 이해하고 건강하게 성장시키기 위해 무엇이 필요한지 고민하게 되었고, 빠르고 정확한 개입을 위한 심리검사와 자유로운 표현과 소통을 위한 컬러를 도구로 선택했다.

나에 관한 통찰과 치유를 할 수 있을 뿐 아니라 지식을 전달하고 삶의 경험을 나눌 수 있는 이 일을 사랑한다. 무엇보다 내가 좋아하고 원하는 일을 하면서 살아갈 수 있다는 것에 진심으로 감사한다.

YELLOW

<예민함, 반항, 시기, 질투, 불안, 자기중심성, 연약함, 내면의 아이, 자아, 분석, 논리, 명석, 지적 호기심, 긍정, 희망, 행복, 천진난만함>

옐로우는 명도가 높고 채도도 높아 가장 밝아 보이는 컬러이다. 유일하게 태양처럼 스스로 빛을 내는 컬러 같다. 또한 다른 컬러에 의해 가장 혼탁해지기 쉬운 컬러이기도 하다. 옐로우 성향을 지닌 사람은 지적 호기심이 높아 새로운 것을 배우고 탐구하는 것을 즐긴다. 자신을 성장 시키는 에너지로 살아간다.

HER'S STORY

"언제나 마음을 끌어당기는 것은 살아있는 것이다."

「우리는 여전히 삶을 사랑하는가」에서 에리히 프롬은 자신이 자기 나름의 정신적, 심리적 힘으로 사는 게 아니면 내면에서 활기도 사랑도 느끼지 못한다고 말한다.

내 안의 빛을 알아보지 못하고 상처받은 아이가 자신을 찾고 삶을 사랑하게 되는 이야기를 담았다.

반짝반짝 빛나는 나를 발견해 가는 이들에게

예전에 나는 냉정하고 차가워 보여서 친해지기 어려운 사람이라는 말을 자주 들었다. 무슨 생각을 하는지 알 수 없는 표정이고 가끔 우울해 보인다고도 했다.
그런데 언제부터인가 주변 사람들에게 밝아졌다는 말을 많이 듣게 되었다. 임상심리사인 나는 컬러로 이야기 나누며 상담을 진행하곤 하는데 어떤 한 아이가 나를 보고 '그린옐로우' 같다고 말했다. 이유를 물어보니 말을 잘 들어 주고 편안해서라고 했다. 하지만 오랜 기간 연락을 안 했던 학창 시절 친구들을 만나면 요즘 내가 변했다고 하며 낯설어하기도 한다.
내가 달라졌다는 것을 나도 느낀다. 예전보다 더 자주 웃고 자신감이 생겼으며 주변에 쉽게 휘둘리지 않는다. 무엇보다 있는 그대로 내 모습을 사랑하게 되었다. 이렇게 밝은 나를 만나게 된 것은 그리 오래되지는 않았다.

나의 학창 시절은 행복하지 않았다. 내 모습대로 살지

못했고, 소속감을 느끼지 못했다. 지금 생각해 보면 나는 조금 느린 아이였다. 수업 시간에 늘 멍하니 있었고 친구들에게 어떻게 말을 걸어야 할지, 내가 어떻게 행동해야 할지 잘 몰랐다. 학교생활은 줄곧 나를 위축되게 했다. 뭐 하나 잘하는 게 없어서 스스로 부족한 사람이라고 생각했다.

그러다가 언젠가부터 나는 더 이상 부족한 사람으로 살 수는 없다고 생각하고 매사에 잘하려고 애썼다. 하지만 생각만큼 잘되지 않았다. 뭐든 잘하고 싶은 욕심이 커지면서 오히려 잘 해내지 못할 때마다 나는 자신을 끊임없이 다그치고 자책했다.

초등학생 때였다. 내가 새 학용품을 가져간 날 아이들은 내 가방을 뒤지고 바닥에 물건을 몽땅 쏟아버렸다. 그리고 수업 시간에는 책을 느리게 읽어서 답답하다고 놀렸다. 나는 기분 나쁘다고 말을 하거나 화를 내지도 못하고, 울음을 꾹 참으며 가만히 고개를 숙였다. 누군가에게 도움을 요청하거나 힘들다고 이야기할 줄도 몰랐다. 친구를 대하는 일은 공부만큼 너무 어려운 일이었다. 나는 학교생활이 힘들었던 이유를 늘 '내가 잘못해서', '내가 부족해서'라고 생각했다. 누구보다 잘하고 싶고 돋보이고 싶은데 현실의 나는 그렇지 못해서 슬펐다.

중학생 때도 달라지지 않았다. 1학년 청소 시간이었는데 한 아이가 청소는 하지 않고 문에 기대어 서 있었다. 나는 그 친구에게 왜 청소를 안 하냐고 물었고, 방해되니까 안 할 거면 비켜서 있으라고 했다. 그 아이는 나를 힐끗 쳐다보고 가버렸다. 그날 이후 반 아이들 아무도 내게 말을 걸지 않았다. 내가 말을 걸어도 대꾸하지 않았다. 청소 시간에 내가 비켜서라고 했던 아이가 일진이었다는 걸 뒤늦게 알게 되었다. 그 아이를 중심으로 모두가 나를 따돌리는 분위기가 되었다. 동조하는 반 아이들이 원망스러웠다. 그때부터 나는 더 이상 내 탓을 하지도, 슬퍼하지도 않기로 했다. 혼자서도 씩씩한 척 아무렇지 않은 척했다.

2학년 2학기 때 전학을 가게 되었다. 아무도 나를 모르는 곳에서 새롭게 시작할 수 있을 것 같은 희망이 생겼다. 하지만 새로운 학교는 이전 학교보다 학업 수준이 높았다. 열심히 노력했지만 인문계 고등학교 진학에 실패했다. 당시 나는 좋은 대학에 들어가야 좋은 직업을 가질 수 있고 가치 있게 살 수 있을 거로 생각했다. 공부를 더 잘하라고 좋은 동네로 이사까지 왔는데 나는 부모님의 기대에 부응하지 못했다. 부모님은 내게 아무 말도 하지 않았다. 적막한 집은 부모님의 한숨과 나의 절망으로 가득 찼다. 인생의 실패자가 된 것 같았다. 계속 살아 봤자 내 삶에 더 이상 희망은 없고 부모님에게 폐만 끼칠 것 같았다. 차라리 내가 사라지는 것이 모두를 위한 길이라고 생각했다.

실업계 고등학교에 다녔던 일 년 동안은 성적이 상위 2%에 들어 인문계 고등학교로 편입할 수 있었다. 처음엔 실패한 내 인생을 다시 일으킬 수 있을 것 같았다. 하지만 인문계 고등학교 편입 후 공부는 더 어려웠고 성적은 늘 하위권이었다. 쌓여가는 피해의식은 하루하루 나의 자존감을 갉아먹었다. 결국 원하는 대학에도 가지 못했다. 하고 싶고 되고 싶은 것이 있었는데 나는 또 실패했다. 정말이지 구제 불능 같았다. 그때부터 나는 모든 노력을 놓아 버리고 진짜 구제 불능처럼 살기로 했다. 그 무엇도 열심히 하지 않았다. 나의 연약함을 감추기 위해 특이하게 보이려 했고, 상처받지 않기 위해 냉정하게 보이려 했다. 관심받고 싶고 의지하고 싶었지만 아무에게도 나의 진심을 말하지 않았다. 그럴수록 사람들은 내가 이상하다고 했다. 반사회적이라고도 했고, 찔러도 피 한 방울 안 나오겠다고도 했다.

나의 이십 대는 삶에서 가장 후회되는 시기이면서 진짜 나를 찾아 나서기 시작한 희망의 시기이기도 하다. 그 시기에 내가 했던 이상한 행동들은 나를 찾고 나를 만나기 위한 처절한 투쟁이었다. 세상은 고군분투하는 나를 위로해 주기는커녕 적대적이고 위협적이었다. 나를 보호하기 위해 그 누구에게도 휘둘리지 않고 혼자서 뭐든 잘할 수 있는 강하고 완벽한 사람이 되고 싶었다. 하지만 그럴수록 점점 엉망이 되어 가는 듯했고, 현실은 막막했다. 내 마음을 나도 알 수가 없었다.

힘든 시기였지만, 그래도 나에게 빛이 되어준 책 한 권과 특별한 두 사람이 있었다.

「그림의 힘」이란 책은 그림에 대한 안목도, 미술에 관한 관심도 전혀 없던 나에게 큰 울림을 주었다. 나의 혼란스러운 감정을 하나하나 세분화하여 오롯이 담아낸 듯한 그림들은 책 제목처럼 나에게 힘을 주었다. 내 마음을 읽어주고 방향을 제시해 주는 빛을 따라 내가 할 수 있는 것을 하나씩 해나가며 나다운 모습을 찾아가기로 했다.

첫 번째 내게 빛이 되어준 특별한 사람은 아르바이트하던 어학원의 원장님이다. 면접을 볼 때부터 남다르다고 느껴졌던 원장님은 수업료까지 대신 내주시면서 나에게 잘 어울릴 것 같다며 미술 심리를 배워보라고 권하셨다. 나조차 내가 무얼 좋아하는지 나에게 무엇이 어울리는지 알아차리지 못했는데 그분은 어떻게 알아봤을까.

'나도 그분처럼 누군가의 내면을 진심으로 봐주고 읽어주는 사람이 되어야지.'

나는 지금도 그 감사함을 잊지 못한다.

그리고 미술 심리 첫 수업에서 나에게 빛이 되어준 두 번째 특별한 사람을 만났다.

"선생님은 태양 같은 사람이네요."

나의 그림을 본 교수님이 말했다. 오직 홀로 빛을 내는 태양 같은 사람인데 자신이 주목받지 못하면 아예 사라져버리는 것을 택하는 사람이라 했다.

'태양 같은 사람'

나를 바라보는 관점이 달라지자, 모든 것이 새롭게 보였다. 내가 이상하고 부족한 것이 아니었다. 나는 인정받고 싶었고, 빛나고 싶었다. 그런데 태양처럼 스스로 빛을 내지 못하고, 남들과 비교하며 늘 부족하다고 생각했던 것 같다.
난생처음 나를 긍정적으로 바라보게 해주고 보듬게 해준 미술 심리를 배우면서 나는 이 일을 해야겠다고 결심하게 되었다. 계획하고 실천하면서 노력한 만큼 꾸준히 목표 달성을 해왔다.

어느 때보다 열정을 쏟아부었지만, 삶에는 언제나 굴곡이 있기 마련이다. 2021년은 삶에 대한 불안감과 공허함으로 암흑 같던 해였다. 준비해 오던 일은 애쓴 만큼 성과를 보이지 않았고, 옆에 있어 주었으면 했던 사람들은 내가 어떻게 되든 상관없다는 듯 내 곁을 떠나갔다. 내가 무능하고 별 볼 일 없어서 누구에게도 내가 필요하지 않은 거라는 생각이 들었다. 잘 해내고 있다고, 이제는 강해졌다고 생각했는데 나는 또다시 실패자가 된 것 같았다. 한 걸음도 뗄 수 없을 만큼 절망적이었다.

그래도 계속 살아가야 했기에 마냥 주저앉아 슬퍼만 하고 있을 수는 없었다. 좌절에 빠진 마음을 추스르고 다시 시작할 힘을 내야 했다. 그래서 영원히 나와 함께 할 그림을 몸과 마음에 깊이 새기기로 했다. 몇 년 만에 타투 작업실을 찾았다.

"오랜만에 오셨네요. 그동안 제가 실력이 많이 늘었어요."

자신의 실력에 대해 어쩌면 저렇게 당당하게 말할 수 있을까. 늘 스스로 부족하다고 생각했던 나에게 당당한 그의 모습은 놀라움과 부러움의 대상이었다.

작업을 하면서 많은 대화를 했다. 그 시간 동안 나를 보호하거나 강하게 보이기 위한 의식적인 노력은 필요없었다. 내게는 없는 강렬함과 편안함이 공존하는 듯 했다. 그래서일까 평소와 다르게 행동하는 내가 바보처럼 느껴질 정도였지만 그런 내가 싫지 않았다.

나조차 불분명해서 표현하지 못한 이미지를 마치 나의 머릿속에 들어가서 보고 나온 듯 그려낸 그림까지 모든 순간이 나에게 치유의 에너지가 되었다. 그 에너지는 오랜 시간 내 안에 숨겨두었던 옐로우를 불러냈다. 따뜻하고 눈 부신 태양이 비추고 있으니 이제 안심하고 나와도 된다고, 나와서 환하게 너의 빛을 마음껏 밝혀 보라고 말해주는 것 같았다.

그해 봄, 나는 원하던 일을 시작하게 되었다. 하늘이 도왔다고 여겨질 만큼 극적으로 채용이 되었다. 실수도 잦았지만 위축되지 않으려고 마음을 다잡았다. 열심히 노력한 결과 이제는 꽤 익숙해졌고 앞으로 임상심리사로서 방향성도 구체적으로 그려가고 있다.

배움에는 끝이 없는 것 같다. 모든 일이 그렇지만 특히 사람의 마음을 이해하는 일은 더 그렇다. 얼룩지고 금이 간 거울에는 사물이 왜곡되어 비치듯 타인의 마음을 있는 그대로 보기 위해 언제나 자신을 맑고 선명하게 갈고 닦아야 한다. 그 일을 지금 내가 즐기며 하고 있고 또 미래를 꿈꾸고 있다. 그러다 보면 나도 언젠가는 "실력이 많이 늘었어요."라고 당당하게 말하게 되는 날이 올 것이다.

상담을 하다 보면 어린 시절의 나를 떠오르게 하는 내담자를 만나는 특별한 순간이 있다.
친구 관계도 순탄치 않고, 학교 공부도 재미가 없다고 하는 아이가 있었다. 하지만 나와 함께 그림을 그리고 만들기를 할 때는 누구보다 창의적이고 열정적인 작은 예술가였다. 학교생활이 힘들지만 그건 자신이 잘못된 사람이라서가 아니라 특별하기 때문이라는 걸 알고 있고, 미래에 하고 싶은 일을 위해 지금 학교를 끝까지 잘 다녀볼 것이라고 했다.
그 아이를 만날 때면 과거의 나를 만나는 것 같았다. 그래서 그 아이의 힘듦에 더 많이 공감하고 더욱 진심으로 응원했다. 마치 어린 시절의 나 자신에게 하듯 말이다.

그 아이와의 만남은 나에게도 치유의 시간이 되었다.

과거의 나를 떠올리게 또 한 명의 아이가 있다.

"선생님! 저는요. 여덟 살부터 열 살까지는 약하고 오줌처럼 지질한 옐로우였는데 지금은 진화해서 오렌지가 됐어요. 청소년기에는 흑화될 예정이라 바이올렛이구요. 미래에는 스카이블루인데 그때는 조금 더 철이 들겠죠? 스카이블루의 청정한 느낌이 좋아요."

책상에 올려진 컬러 보틀을 나란히 세워놓고 자신의 색깔 이야기를 들려주었다. 색깔은 이렇듯 자연스럽고 편안하게 자기표현을 하게 하는 도구이다. 그 아이와 내가 같은 색깔이라서였을까, 처음 만났을 때부터 유독 그 아이가 마음에 들어왔다.

'너도 고군분투하고 있구나.'

지질한 옐로우에서 멈추지 않고 진화해서 기특했고, 힘들다고 울기보다는 더욱 힘내려 하는 모습이 안쓰럽기도 했다.

오렌지는 활동성, 사교성, 유쾌함이라는 긍정적인 느낌을 준다. 오렌지는 레드와 옐로우의 혼합색이다. 아마도 약한 옐로우가 환경에 적응하고 살아내고자 본능적으로 열정적인 레드의 힘을 끌어온 것 같다.
바이올렛은 블루와 레드의 혼합색으로 이성적이고 냉철한 블루의 성질과 도전적이고 활동적인 레드의 성질을 모두 가진 색깔이다. 이러한 양면성으로 인해 혼란이 아닌 조화로운 통합을 이룰 수 있다면 바이올렛만의 독창성과 치유적인 능력을 발휘할 수도 있다.
그렇게 청소년기를 잘 겪어낸다면 아이의 말처럼 여러 컬러 중에 가장 독립적이면서 자기조절능력이 뛰어나고 독창적인 색깔이라는 청정한 스카이블루가 될 수 있고 자신만의 또 다른 색깔을 발견할 수도 있을 거란 기대가 되었다. 나는 이 아이가 자신만의 색깔을 찾아서 찬란한 빛을 낼 수 있도록 만나는 시간 동안 진심으로 함께 해나갈 것이다.

얼마 전 작은 예술가가 다녀갔다. 노크 소리에 문을 열어보니 그 아이였다. 당분간 이곳에 올 일이 없을 것이라 했다. 한번 노크해 봤는데 선생님이 있어서 다행이라고 말하는 아이를 꼭 안아주었다. 내가 있어서 다행이라고 말해주는 아이가 있고, 보고 싶었다고 말해주는 아이가 있기에 나는 임상심리사로서 꾸준히 전문성을 쌓고 어제보다 나은 사람이 되기 위해 노력한다. '하루 안에 일생이 있다.'라는 말을 되뇌며 시간을 허투루 보내지 않으려 노력한다.

내 마음을 알기 위해 시작한 공부는 어느새 나의 직업이 되었다. 나를 있는 그대로 바라보고 수용하게 되면 진정으로 내 마음이 가고자 하는 방향을 찾게 된다. 어린 시절 나의 남다름은 남들보다 느리다는 것이었다. 남들보다 느렸기에 더 많은 관심이 필요했고, 남들보다 느렸기에 인정받는 것이 무엇보다 중요했다. 그때 내가 충분한 지지를 받았다면 삶이 더 풍요롭고 지금보다 더 훌륭한 사람이 되었을까. 물론 그랬을 수도 있지만, 그렇지 못한 상황을 힘겹게 겪어내며 스스로 찾은 지금의 나의 빛이 더 강렬할 거라 확신한다.

스스로 빛을 내며 온 세상을 비추는 태양처럼, 따뜻하고 선한 영향력을 나누며 살아갔으면 좋겠다.
나도, 그리고 우리 모두 다.

작은 예술가가 말했다.

"뱀의 거짓말에 속아 높은 산에 올라갔다가 구덩이에 빠져 끝도 없는 우주로 떨어진 병아리는 마침 씨앗을 실은 트럭이 같이 떨어져서 다행히 굶어 죽지 않았어요. 병아리는 또 다른 구덩이에 떨어져 이제 관측할 수는 없지만 죽지 않고 어디선가 잘살고 있을 거예요."

끝도 없는 우주로 떨어지고 있지만
곧 우주를 자유롭게 유영할 수 있기를,
너의 남다름이 이상함이 아닌 특별함이 되어
세상을 비추는 찬란한 빛이 되기를 응원할게.

HER'S WORDS

76 . 이상한 게 아니라 색다른 거야

글을 쓰며 가장 어려웠던 것은 '공감을 얻어야 한다는 것'이었다. 내가 상대방을 이해하고 공감하는 것과는 또 다른 문제인 듯했다. 나는 누군가의 공감이나 마음을 얻으려 애쓰는 편이 아니다. 그래서 처음 나의 글이 이해도 공감도 되지 않는다는 피드백에 본능적으로 자기방어가 발동했고, '그만둬야겠다. 안 하고 말지.'라는 생각이 들 정도로 감정이 격해지기도 했다. 하지만 머리로는 전혀 그럴 상황이 아니라는 것을 알기에 내 안의 흥분한 아이를 다독이며 마음을 가다듬고 다시 글을 써나갔다.

지극히 사적이고 어쩌면 유치할 수도 있는 사유로 공저에 참여했지만, 그 과정에서 요동치는 내 마음을 잠잠히 마주할 수 있었고 내 삶의 풀리지 않는 매듭을 하나 더 풀 수 있었다.
이 글이 독자의 마음에 조금이라도 닿아 각자의 나다움을 찾고, 우리는 다 다르지만, 결코 혼자가 아니라는 위로와 용기를 얻을 수 있기를 소망한다.

함께할 기회를 주신 이현영 대표님께 진심으로 감사한 마음을 전한다.

변덕 과
변화

마승희

퍼스널컬러 강사. 지식을 나누고 소통하는 것을 좋아한다. 천연화장품 DIY 강사, 커리어 컨설턴트, 반영구화장 아티스트, 고등학교 진로 강사를 거쳐 지금은 퍼스널컬러 이미지메이킹 강사로 활동 중이다.
@beauty_scarlet_

HER'S WORK

개인의 가치에 더 많은 화두가 되는 요즘 시대에 퍼스널 컬러는 그 사람의 매력을 극대화하는 컬러를 말한다. 개인의 특성에 맞는 메이크업과 패션의 컬러를 찾아내며 이를 통해 스타일과 자신감 있는 이미지를 향상하는 데 도움을 준다. 학교, 평생학습원에서 퍼스널컬러 교육으로 다양한 사람들을 만나며 외면의 아름다움과 자신감을 찾게 해주는 팁을 나누며 소통하고 있다. 그리고 감정아로마테라피를 통해 내면의 힐링과 감정의 안정을 찾게 해주는 강의를 하고 있다.

GOLD

<힘의 남용, 허세, 욕심, 일에 대한 회의, 자존감, 비판, 중독, 오만, 해탈, 가치, 지혜, 성공, 강화, 창조, 자신감, 자발적, 자기표현, 예지력, 위대함>

골드는 컬러테라피에서 자신감과 성공을 상징하는 컬러이다. 풍족함과 행복함을 느끼게 하고, 잠재력을 깨우는 데 도움이 된다. 또한 자기표현과 창조력을 촉진, 의사소통과 협력을 강화, 몸과 마음의 활력을 높이고, 긍정적인 변화를 가져오는 컬러이다.

HER'S STORY

자기 삶과 직업에 대한 고민은 누구나 할 것이다. 자신이 되고 싶은 것과 하고 싶은 것을 고려하여 자신의 가치와 삶의 방향성을 찾아가기는 어려운 일이다.
다양한 직업을 가진 것을 보면서 누군가는 나를 한 가지 일에 집중하지 못하는 사람으로 생각할지도 모른다. 골드의 속성을 가진 나 자신을 사랑하지만, 이제는 나의 결핍을 인지하고 깊은 고민을 통해 진정한 삶의 가치와 행복을 찾고 싶다.

나만의 황금빛 가치를 찾는 이들에게

얼마 전 종로 5가에 줄줄이 늘어서 있는 귀금속 상가들을 지나가게 되었다. 묵직해 보이고 번쩍이는 24K 순금들이 서로서로 누가 더 반짝이나 뽐내고 있었다. 한 귀금속상가 유리창 앞에 서서 금반지를 한참 바라보고 있는데, 유리창 안쪽에서 주인이 들어와서 구경하라며 밝은 표정과 눈빛으로 나를 유혹했다.

나는 들어가지 않고 다시 걸음을 재촉했다. 걷다가 문득 주머니 속에 있던 손을 꺼내보았다. 추운 겨울이라 손등이 거칠거칠했는데, 손을 아끼지 않고 막 써서 그런지 유난히 불쌍하고 초라해 보였다. 보습 효과 좋다는 핸드크림을 듬뿍 바르고 열심히 손가락 마사지를 해도 별 소용이 없었다. 거칠어 보이는 것은 손뿐만이 아니었다. 네 번째 손가락에 얌전히 자리하고 있는, 오랜 시간 동안 나의 희로애락의 모든 순간을 함께한 18K 금반지도 광채를 잃고 많이 닳아 보였다.

나는 마음의 컨디션에 따라 세상이 빛나 보이기도 하고

암흑처럼 어둡게 보이기도 하는데, 그날 내 손등과 금반지가 초라하고 탁하게 보였다는 건 어쩌면 내 마음의 상태가 그러했음을 말해주는 것일지도 모르겠다.

내가 금붙이 액세서리를 좋아하는 이유는 나의 외모를 돋보이게 하고 자신감 있어 보이게 하기 때문이다. 음식을 조리할 때 감칠맛을 내기 위해 꼭 필요한 MSG와 같은 존재와 같다고 할 수 있겠다.
나는 어디서든 중후한 빛을 내는 사람이 되고 싶고, 많은 사람에게 주목받고 싶다. 그래서 무엇을 하든 그 분야에서 뛰어난 사람이 되고 싶은 마음에 최고가 되기 위해 열심히 하는 노력파다. 하지만 호기심이 많은 편이라 이것저것 배우다 보니 다양한 직업들을 갖게 되었다.

"너는 왜 한 가지 일을 꾸준히 못 하니?"

언젠가 한 친구가 조심스레 질문을 했다. 계속 직업을 바꾸는 내가 그 친구의 눈에는 한 가지 일을 진득하게 하지 못하는 변덕스러운 사람으로 보였던 모양이다.

나는 오랜 직장생활을 정리하고, 과감히 미용 분야에 뛰어들어 반영구화장 가게를 운영하면서 미용협회 활동을 했고, 사이버대학교 뷰티학과에 다니며 대외 활동도 했다. 하지만 코로나 유행과 건강상의 이유로 가게를 정리하고 고등학교 진로 교육에 집중하다가 지금은 퍼스널컬러 강사로 활동 중이다.
지나온 나의 직업을 보아하니, 친구들이나 지인들이 나에 대해 그런 질문을 할 법도 하다. 같은 집에 사는 짝꿍마저 늘 변하는 나에게 적응이 안 된다고 할 정도니까 말이다.

올해로 정확히 반백 년, 오십이라는 새로운 타이틀로 새해를 맞이했다. 여전히 하고 싶은 것도 많고 배우고 싶은 것도 많은 중년의 호기심 아줌마, 그게 바로 나다.
그리고 유리창 너머로 보이는 귀금속처럼 집중 받고 싶고 관심받고 싶은 것이 바로 나의 내면의 심리인 것 같다.

오랫동안 속눈썹 연장 가게를 운영하는 막냇동생의 추천으로 반영구화장을 배우고 조그맣게 가게를 시작했다. 전혀 상상한 적도 없던 미용업에서 새롭게 출발한 불혹의 아줌마는 모든 것이 흥미롭고 매 순간순간이 설레고 흥분됐다. 그동안 살면서 인지하지 못했던 마음, 어디서든 황금처럼 빛나고 싶고 뭐든지 잘하고 싶은 욕심들이 본격적으로 발동한 시기였다. 때마침 아이들이 중고등학교를 졸업하면서 마음의 여유가 생겼고 내가 진정으로 하고 싶은 일이 무엇인지를 찾을 수 있었다. 바야흐로 호기심 아줌마 전성시대가 시작된 것이다.

누구나 한 번쯤은 반영구화장 가게에 방문해 봤을 것이다. 고객의 피부에 직접 작업을 해야 하므로 행여나 시술한 눈썹의 균형이 맞지 않거나 결과물이 좋지 않다면 클레임은 불 보듯 뻔한 일이다. 그래서 틈날 때마다 눈썹 디자인 연습을 해야 했다. 나는 고무판이 너덜거릴 정도로 연습에 연습을 거듭했다.
일에 익숙해질 무렵 우연한 기회에 사이버대학교에 입학했다. 다양한 미용 분야를 공부해서 졸업 후 미용 종합면허를 취득하려고 과감히 도전한 거였다.
이후, 나의 실력을 가늠해 보기 위해 미용인들을 위한 뷰티 대회나 반영구화장 대회에 출전했는데 수많은 도전자를 제치고 대상을 받았다. 살면서 1등을 한 번도 해본 적 없던 나에게 그 상은 엄청난 인생의 반전이었다. 무대 중앙에서 스포트라이트 조명을 받으며 금빛 반짝이는 큰 트로피와 상장을 받았을 때의 기분이란 말로는 표현할 수가 없었다. 나에게 쏟아지는 모든 관심은 영롱한 빛을 발하는 황금처럼 나를 더욱 단단하게 만들었다.

하지만 자부심은 그리 오래가지 못했다. 코로나가 유행하고 예상치 못한 건강상의 악재가 겹치면서 울며 겨자 먹기로 가게를 정리하게 되었기 때문이다. 앞으로 무엇을 하며 나라는 사람을 빛낼 것인지, 어떻게 성취감을 올릴 것인지 수많은 고민을 했다.

지인의 추천으로 특성화고 진로 적성 강의를 해봤는데, 생각보다 어려운 일이었다. 과거 직장에서 면접관으로 일했던 경력을 살려서 아이들에게 이력서 및 자소서 쓰는 방법을 가르쳤다. 취업에 관심 없는 아이들은 첫 시간부터 엎드려 자는 것은 기본이었다. 나도 아들 둘을 키우고 있지만, 요즘 아이들에 대한 공감이 어려웠다. 포용력이 부족한 것 같아 나 자신을 수시로 채근도 해 봤는데 그것도 역부족이었다. 교사들이 위대해 보이고 세상에 가르치는 일을 하는 모든 사람이 대단해 보이기까지 했다.

멀리 지방까지 찾아다니며 진로 교육을 했는데, 일을 하면 할수록 나와는 어울리지 않는 옷을 입은 것 같았다. 뭔가 나만의 무기를 장착하면 좋을 것 같아서 다시 그 무언가를 찾기 시작했다.

그러다가 우연히 퍼스널컬러 이미지 메이킹 수업을 듣게 되었는데, 컬러에 따른 스타일의 변화에 적지 않은 충격을 받았다. 그때만 해도 퍼스널컬러가 조금은 낯선 분야였는데 지금은 너무나도 유행이 되어버렸다. 각종 SNS를 빽빽이 채우고 있는 퍼스널컬러 진단, 강의 그리고 교육들에 대한 정보가 흘러넘친다. 하지만 이 일은 비전도 있고 나의 적성에도 맞아서 어쩌면 오랫동안 할 수 있을 것 같다는 생각이 든다.

친구가 나에게 던졌던 질문을 다시 떠올려 봤다.

'나는 한 가지 일을 꾸준히 못 하는 것일까, 아니면 안 하

는 것일까? 왜 나는 계속 다른 일을 찾는 걸까? 왜 자꾸 변하려고 하는 걸까?'

나를 향한 궁금증이 솟아올라 질문이 계속 늘어났다. 방황하는 사춘기 청소년도 아닌데 이젠 한곳에 정착해도 괜찮지 않냐는 친구의 말이 귓가를 맴돌았다.
하지만 중년의 나이가 되었을 때는 남들에게 내미는 번듯한 명함이 있어야 하고, 어느 분야에서 탄탄한 스펙을 쌓고 안정적인 직업을 가져야 한다는 건 사회적 편견이진 않을까.

나는 질문을 바꿔서 다시 해봤다.

'내가 진정으로 바라는 것은 무엇일까? 내가 되고 싶은 것은 무엇일까? 내가 하고 싶은 것은 무엇일까?'

화장대 앞에서 거울을 바라본다. 거울 속 안에 있는 나는 여전히 웃고 있고 앞으로도 웃고 싶다. 나는 무엇이든 잘하려고 노력하고, 늘 최선을 다한다. 여전히 주목받고 싶고 황금처럼 빛이 나는 사람이 되고 싶다.

밤에 인터넷 서핑을 하다가 잠시 거실에 나왔더니 창문으로 새어든 노란 달빛이 거실을 가득 채운다. 가끔 새벽에 깨서 화장실 다녀오다가 밤하늘 보는 것을 좋아하는데 유리창으로 스며드는 달빛은 어두운 무대 위 조명같이 나를 설레게 한다.

'어떤 일을 해야 가장 성취감을 느끼고 주목받을 수 있는가?'

내가 가지고 있는 골드의 키워드는 '가치 있는 행복'이다. 삶의 가치와 행복을 가져다주는 마음가짐에 대해 곰곰이 생각해 본다. 물질적인 풍요로움도 중요하고, 진정으로 느끼는 행복감도 중요하다.

'그렇다면 어떤 것이 진정한 행복일까?'

나에게는 잡 매니저, 반영구 화장사, 퍼스널컬러 강사 등 이력서에 굵직하게 쓸 수 있는 직업이 몇 개나 있다. 하지만 지금까지 나의 커리어를 살펴보면 한 우물을 깊이 파기보다는 다양한 분야에 두루 걸쳐 있는 것이 사실이었다. 한 가지 일에 집중하기보다는 여러 가지 일에 동시에 관심이 생기곤 했다.

나의 어떠한 결핍이 계속해서 새로운 일을 찾게 하는 것일까. 경마장에 있는 경주마들에게 앞만 보고 집중해서 달리도록 차안대를 채우는 것처럼, 때로는 나에게도 앞만 보고 집중할 수 있는 도구가 필요한 것 같다. 한 가지에 집중해서 열정을 쏟아부어야 하는데 왜 그것이 안 되는 걸까. 묵묵히 한자리에서 깊이 있게 실력을 쌓으면 좋으련만. 새로운 것에 대한 호기심이 남들보다 많기도 하고, 배움에 대한 목마름도 한몫했던 것 같다.

정리해 보면 나에게 가장 부족한 것은 한 분야를 깊이 파고드는 집중력이었다. 넓은 관점에서 세상을 보고 이것저것 흥미로운 분야에 호기심이 많은 것은 분명 장점이다. 하지만 선택한 일에 깊이 파고드는 집중력이 부족했다. 늘 수박 겉핥기식으로 넓고 얄팍하게 알고 넘어가는 것이 문제였다는 것을 깨달았다.

내 삶은 도전의 연속이었다. 누군가에게는 그것이 변덕으로 보일 수도 있지만, 나는 그 변화의 과정이 지금의 나를 만들어 왔다고 믿는다. 하지만 진정한 프로란 한 가지 분야에서 최고로 인정받는 것이다.

가치 있는 일을 하기 위한 선택과 집중!

이제는 세상에 가득한 새로운 것들에 대한 동경과 호기심을 쫓기보다는 지금 하는 일에 대해서 더 깊이 있게 공부하고 사람들이 자기 삶의 가치를 찾을 수 있도록 전달자 역할에 충실해야겠다.
내공을 더 쌓아서 나의 골드가 진짜 눈부시게 빛날 수 있도록 말이다.

이 열쇠는 세상에서 가장 빛나는 황금 열쇠입니다. 열정적인 빨강의 루비가 포인트로 들어가서 도도하게 보이기도 하고, 왕관을 연상시키는 무늬는 엄청난 권력을 가진 열쇠라는 느낌을 줍니다. 이 열쇠를 가진 사람은 신뢰할 수 있고, 영광과 명예로 가득한 삶을 살고 있을 것만 같습니다.

단순히 사물을 열어줄 뿐 아니라 사람들의 운명을 열어주는 것으로도 생각할 수 있습니다. 열쇠를 가진 사람이 긍정적인 힘을 가질 수 있도록 비밀스러운 곳을 하나씩 열어가는 마법의 열쇠 같은 느낌을 강하게 전달합니다.

그럼, 이 황금 열쇠로 여러분의 행운 가득한 보물상자를 열어 보실까요?

HER'S WORDS

96 . 이상한 게 아니라 색다른 거야

예전부터 내 글이 담긴 책을 내보고 싶었다. 일기나 SNS, 블로그 글을 쓰는 것에 대한 부담은 없는 편이었다. 하지만 나 혼자 쓰고, 읽고, 단순히 기억을 저장하는 글이 아니라 많은 사람이 공감하는 글, 독자를 위한 글을 쓴다는 건 아무리 머리를 쥐어 짜내도 힘든 일이었다. 산모가 모진 진통 끝에 소중한 생명을 만나는 느낌과 같았다.

글을 쓰면서 '나'라는 존재에 관해 더 깊이 생각하게 되었고, 이 세상에서 가장 소중한 것은 무엇보다 바로 '나'라는 것을 새삼 느낄 수 있었다.
작은 활동에도 크게 비추어지고 남들에게 눈에 더 띄게 되는 나의 모습을 보면서 외면의 화려함보다 내면의 향기를 풍기는 진정한 아름다움을 가꾸어야겠다고 다짐하게 되었다.

상처 와
치유

마상미 🌸

<휴인터랙트> 파트너 강사. 보험설계사.
컬러라는 매력적인 도구를 사용해서 소통하는 사람. 사람과 인연을 맺고, 함께 마음을 나누는 것을 좋아한다. 상담 및 강의를 통해 많은 사람을 만나며 꿈을 향해 달려가고 있다.
@msm_still

HER'S WORK

일상에서 흔히 경험하게 되는 컬러를 통해 스스로의 몸과 마음 상태를 인지하고 삶을 균형 있게 살아갈 수 있도록 도와주는 일을 한다. 컬러는 의식과 무의식의 나를 만나 깨우치고 알아가며 보다 편안한 나다운 삶을 살아갈 수 있는 시간을 찾을 수 있도록 해준다.

지금은 모든 연령을 대상으로 상담을 하고 있지만, 아프신 친정엄마를 보며 시니어 대상을 좀 더 많이 만나 심신을 살펴주고 싶어졌다.

GREEN

<무경계, 긴장, 침체, 무료, 고집, 괴물, 사람, 관계 중심, 마음, 안정, 평화, 인내, 근면, 나눔, 새싹, 자연, 휴식, 비움과 채움>

그린은 모든 컬러를 잘 어우러지도록 포용해 줄 수 있는 자연의 컬러이다. 기본적으로 사람의 관계가 중요한 평화의 컬러라고 한다. 평소 쉽게 힘듦을 내색하지 못하지만, 때로는 외로워 보일 만큼 홀로 나만의 시간을 가져야 하는 컬러이기도 하다. 마음이 지치고 힘들 때면 우리에게 가장 필요한 힘이 되는 컬러라 할 수 있다.

HER'S STORY

세상에는 나처럼 사람과의 관계가 무엇보다 중요한 이들이 있다.
하지만 모두와 좋은 관계를 유지하지 위해 애쓰며 살다 보면 불편함, 짜증, 화를 숨기며 괜찮은척 하는 나를 마주하게 된다.
아무리 사람이 소중해도 모두를 다 품을 수 없다는 것을 인지하는 순간 마음이 편안해짐을 느꼈다. 사람 사이에도 휴식이 필요함을 깨닫고, 있는 그대로의 나로 살아가고자 하는 이야기를 담았다.

사람이 제일 중요한 이들에게

어린 시절 평범한 가정에서 적당히 풍족했던 나는 어른이 돼서 생각해 보니 착한아이 증후군이었던 것 같다. 버림받을 이유가 하나도 없던 나였지만, 지금 생각해 보면 모든 사람에게 사랑받고 싶었고 그러려면 착해야 한다고 생각했다.

부모님은 나를 충분히 사랑했지만 나는 항상 뭔가 부족하다고 느꼈다. 엄마의 사랑이 나에게는 충분치 않게 느껴졌다. 어떻게 해야 엄마에게 더 많은 칭찬과 인정을 받을 수 있을지 답답하기만 했다. 엄마는 내가 원하는 만큼의 사랑을 표현해 주지 않았고 오히려 왜 그러냐며 짜증을 내곤 했다. 엄마의 사랑에 목말랐던 나에게는 보통의 사춘기 아이들이 겪는 반항심은 사치처럼 느껴졌다. 착하게 지내야 엄마가 조금이라도 더 칭찬해 주고 나를 봐줄 거로 생각했다. 하지만 내가 기대한 만큼의 사랑은 돌아오지 않았다. 더 이상 어떻게 해야 하는지 몰라 막막했다.

엄마보다 표현도 많이 해주고 내가 힘들어 보이면 손 편지까지 써주던 아빠가 있어서 다행이었지만, 허전한 내 마음을 다 채우기엔 부족했던 것 같다.

그때는 잘 몰랐다. 엄마는 분명 나를 사랑하는데 왜 사랑받는다고 느끼지 못했는지 말이다. 지금 생각해 보니 엄마와 나는 서로의 사랑 표현 방법이 달랐다. 나는 말로 표현해 줘야 사랑받는다고 느끼는 사람이고, 엄마는 말이 아닌 행동으로 보여주는 사람이다. 나는 상다리 부러지는 근사한 밥상보다 따뜻한 말 한마디가 더 중요한 사람인데 엄마는 그런 나를 잘 몰랐던 것 같다.

미술심리 공부를 하면서 사람마다 각각의 성향과 기질이 있다는 것을 배우고 나의 성향, 엄마의 성향을 알게 되면서 많은 부분을 이해하게 되었다. 엄마에게서 사랑한다는 말을 듣고 싶었던 나와 말하지 않아도 알 것으로 생각했던 엄마는 서로를 깊이 이해하지 못했던 것 같다. 나도 세 아이의 엄마가 되고 보니 엄마의 사랑은 자식에게 향하는 무조건적이라는 것을 알았다. 우리 엄마도 나에게 그랬을 텐데 그 마음을 몰랐던 나는 투정만 부리고 엄마를 힘들게 했다는 생각에 오히려 미안한 마음이 들었다.

어린 시절 사랑이 고팠던 탓일까. 나는 유독 사람들을 좋아한다. 나는 동네에서 마반장으로 통한다. 동네 엄마들과 함께 길을 걷다 보면 지인들과 인사를 나누느라 바쁘다.

"넌 어떻게 모르는 사람이 없어? 우리 동네 마반장이라니까!"
"이 길은 마상미거리야!"
"아이도 셋이나 키우면서 어떻게 그렇게 주변 사람들을 다 챙기면서 살아?"

사람들은 나에게 어떻게 모든 사람과 다 잘 지낼 수 있냐고 묻는다. 문득 나는 궁금해졌다. 과연 나는 정말 힘들지 않은가. 불편한 사람 없이 모두와 잘 지내고 있는 걸까. 이런 생각으로 가만히 나의 일상을 들여다보게 되었다.

나는 정기적으로 녹색 어머니 봉사를 나간다. 봉사가 싫진 않지만 나에겐 불편한 시간이기도 하다. 그 시간 동안은 나 스스로가 녹색 신호등이 되어 버리는 것 같다. 녹색 신호가 켜질 때는 그 누구라도 지나갈 수 있는 시간이다. 그 시간에 내가 아는 모든 이들에게 인사를 해야 한다고 생각해서일까. 지인들에게 안부라도 한마디 건네야 하는데 미처 보지 못하고 지나치면 그들이 서운할 것 같다는 나만의 착각을 하게 된다. '일부러 모른척 한 게 아닌데. 사람들이 내가 무시했다고 생각하면 어쩌지?'라는 생각이 들면서 마음이 불편해지기 시작한다. 봉사를 마치면 엄마들에게 커피라도 한잔 사줘야 하고, 점심까지 함께해야 마음이 편안해진다. 그 시간이 즐겁기도 하지만, 내가 모두를 챙겨야 한다는 생각에 가끔은 부담스럽고 힘들 때도 있다. 굳이 그렇게까지 하지 않아도 되는데 아마도 나 스스로 착해야 한다는 부담감에서 나오는 행동인 것 같다.

어릴 적 엄마에게 그랬듯이 한 사람의 사랑도 놓치고 싶지 않아서 착한 아이로 살았던 어린 내가 떠올랐다. 은연중에 생긴 그런 습관들이 지금의 내 모습을 만든 건 아닐까.

내가 사람을 좋아하고 사람에게서 힘을 얻는 건 분명하다. 하지만 항상 열심히 가족과 지인들을 챙기며 살다 보면 지칠 때도 있고 상처받는 일도 종종 있다.

나는 삼 형제 엄마이다. 코로나 시작으로 일 년이 넘도록 집에서 세 아이의 일정과 삼시 세끼를 챙기며 지쳐갈 무렵이었다. 나는 지인의 추천으로 두 달간 보험 공부를 시작하기로 했다. 겨울방학 두 달 동안 아이들 점심까지 뒤로하고 나가기로 한 결정은 외향적인 내가 집에만 있어야 했던 힘든 시간에 대한 보상이었다. 그리고 그 두 달의 시간은 가장 소중한 세 아이를 더 잘 챙기기 위해 에너지를 얻는 시간이기도 했다. 하지만 보험설계사 공부를 한다고 하니 주변에선 이런저런 부정적인 말을 퍼붓기 시작했다.

"너, 요즘 보험 공부한다며?"
"네. 궁금한 게 많아서요."
"보험 가입하라 하면서 남에게 부담 주는 일인데 왜 그걸 하려고 하니? 집에서 애들이나 보지."
"……."

평소 나를 무시하고 비하하던 사람의 시선은 변함없이 차가웠다. 꽤 오랫동안 겪어왔음에도 나는 또 상처받았다. 그 말이 자꾸만 머릿속을 맴돌았다. 공부에 의욕이 넘치던 시작과 달리 그 사람의 말 몇 마디로 절망감에 빠지고 말았다. 그리고 다시 한번 알았다. 아무리 착하게 살려고 노력해도 모두에게 사랑받기는 어렵다는 것을 말이다.

'나는 무언가를 배우면 안 되는 사람인가? 나를 애 키우고 밥만 해주는 사람으로 생각하나? 내 인생인데 왜 본인 뜻대로 조정하려 하지? 내가 뭐 잘못했나? 나는 최선을 다했고 친절 하려고 애썼는데 다 소용없는 건가? 착해봤자 필요 없는 거구나.'

사랑받기 위해 힘들어도 힘들지 않은 척, 괜찮은 척했던 내 마음속 어린아이가 튀어나와 다시금 힘들어졌다. 오랜 기간 겪어 온 여러 가지 일들이 필름처럼 지나가면서 나의 머리와 가슴이 혼란스러웠다. 그러면서 이해되지 않는 억울함이 나를 더 자극했다. 진짜 남에게 피해를 주는 일인지 직접 경험해 보고 싶다는 오기가 발동했다. 상처받은 마음을 애써 괜찮은 척하며 다시 교육장을 찾았다. 다행히 공부하는 시간은 답답했던 나를 숨을 쉴 수 있게 해 주었다. 경제 지식도 쌓으면서 사람 좋아하는 내가 소통을 할 수 있게 해준 귀한 시간이었다.

보험 일을 하면서 많은 사람을 만날 수 있었고, 공부한 정보들을 나눌 수 있었다. 나의 경제생활에도 어느 정도 보탬이 되었고, 사람을 좋아하는 나는 다양한 사람들과 그들의 살아가는 이야기를 나눌 수 있는 일이어서 더욱 좋았다.

사실 처음 영업을 나섰을 땐 두려움이 가득했다. 혹여라도 타인에게 불편함을 주는 일은 아닌지 걱정이 되기도 했다. 그래도 나는 얼굴에 철판을 깔고 영업을 시작했다. 터질 것 같은 심장을 안고 상점으로 향했다.

"안녕하세요! 보험입니다."

긴장감을 감추고 얼른 돌아 나오는데 누군가 말을 걸었다.

"저기요! 저희 아버지 실손 좀 알아보려는데요."

뭔가 좋은 느낌이 들었다. 인생은 타이밍이라고 하지 않았던가. 운 좋게도 첫 고객과 나는 타이밍이 맞아떨어졌다.
영업의 첫 경험에서 좋은 감정을 갖게 해준 고객들에게 나는 지금도 최선을 다하고 있다. 고객들은 내가 사람을 많이 만나서 사람 파악을 잘하는 것 같다고 말하는데 나는 내가 사람을 좋아해서 그렇다고 말한다. 하지만 그만큼 나는 사람에게서 받은 상처도 많고, 여러 사람과 잘 지내 위해 애써왔다.

그래도 나는 이 일을 통해 누군가를 돕는 것에 가장 큰 보람을 느낀다는 것을 알게 되었다. 일의 특성상 과정이 절대 쉽지 않고 어떠한 영업보다는 힘든 분야지만 분명 고객에게도 도움이 된다는 생각으로 지금껏 하고 있다. 그래서인지 힘든 일도 많지만 기분 좋은 일도 생긴다.
어느 날 오랜 지인에게서 연락이 왔다. 가게를 오픈하는데 화재보험이 필요하다며 도움을 요청했다. 보험에 가입하고 한 달이 채 되지 않아 또다시 전화가 걸려 왔다.

음식을 포장해 간 손님이 장염에 걸렸는데 보장받을 수 있냐는 문의였다. 받을 수 있는 부분이 있는지 찾아서 안내하고 내가 할 수 있는 일들을 빠르게 처리했다. 이후 문제가 잘 해결이 되었다며 지인은 나에게 고맙다고 여러 차례 인사를 전했다. 누군가를 도와줄 수 있어 뿌듯했고 이루 말할 수 없이 기뻤다.

긴 이야기를 정리해 보면 나는 힘들어도 사람과 더불어 살아야 하는 사람이라는 것이다. 어떻게 하면 나처럼 모든 사람과 다 지낼 수 있냐고 묻는 이들에게 이제는 말할 수 있을 것 같다. 사실 나도 사람과 마음을 나누는 순간이 버거울 때도 있다고 말이다.

나는 이제 사람과의 만남에서 불편을 느끼고 상처받을 때면 잠시 혼자만의 시간을 만들고 내 방식으로 사람 관계를 정리하려고 노력한다. 그러다 보니 예전과 가장 크게 달라진 점이 있다. 사람을 좋아하는 것은 변함없지만 누구에게나 향하는 마음이 아니라, 내가 좋아하는 이들에게 향하는 마음으로 바뀌게 되었다는 것이다.

누군가는 나에게 그린 빛 산과 닮았다고 한다. 넓고 푸르른 산은 자연 그대로 있을 때 평온하고 보기 좋다. 나 또한 타인에 의해서 혼란스럽고 불편하지 않은 오로지 본연의 나일 때가 흔들림 없이 평화롭다. 일상을 열심히 살아가다 보면 쉽지 않지만, 나에게 꼭 필요한 시간이기에 혼자 있는 시간을 만들려고 노력한다. 그런 시간을 갖고 나면 다시 살아갈 힘이 생기기 때문이다.

나를 있는 그대로 봐주는 이들과 있을 때 마음도 가장 평온하고 나의 푸르름이 더해지는 것 같다. 만약, 나처럼 사람들 관계에서 쉼이 필요하거나 많은 사람 속에서 애쓰며 살아가는 이들이 있다면 말해주고 싶다. 결국 나 자신을 지켜내야 더 많은 이들을 만날 수 있고, 서로에게 힘과 쉼이 되어 함께 살아갈 수 있다고 말이다.

지금껏 애쓰며 살아온 이들에게 진심 어린 응원을 보낸다.

나무 같은 사람이고 싶다.

그늘, 쉼, 따뜻함, 아름다움 풍경
아낌없이 주는 나무처럼 말이다.

그리고 그들에게서
행복함과 고마움이라는
선물을 받으며
풍요롭게 살아가는

나무 같은 사람이고 싶다.

HER'S WORDS

116 . 이상한 게 아니라 색다른 거야

나에 대한 글을 쓴다는 것이 참 낯설었다. 내가 할 수 있는 일인지 멀게만 느껴지고 부담스러웠다.
하지만 '마상미'라는 사람을 가장 잘 알고 있는 전문가는 바로 나 자신이라는 생각에 용기를 내어 또 하나의 새로운 도전을 해보기로 마음먹었다.

이번 기회를 통해 나도 몰랐던 나의 성향, 장단점, 특징 등 색다른 점에 대해 생각하고 알 수 있었다. 이 과정이 끝이 아닌 시작이 되어 앞으로 삶을 살아가는 데 큰 힘이 될 것 같다.

이렇게 귀한 시간을 함께하고 도와준 이들에게도 감사함을 전한다.

불통과 소통

김수진

<한국코치협회> 인증 코치.
마음을 그리는 코칭은 경청과 질문을 통해 나를 찾아가는 과정을 함께 나누는 것이다. 컬러와 그림을 통해서 4050 엄마들의 라이프 코칭과 버크만 진단을 통해 커리어 코칭을 하고 있다.
@coaching_bia

HER'S WORK

코칭은 자신이 원하는 목표를 자발적으로 생각하고 행동하면서 실천할 수 있도록 돕는다. 고객과 대화를 통해 자신이 가진 이슈를 새롭게 보고, 느끼며 생각할 수 있게 한다. 사람들은 지금보다 좀 더 나은 미래를 살기 위해 코칭을 찾지만, 자신이 무엇을, 왜 원하는지 말하기를 어려워한다. 그래서 좀 더 편안하고 쉽게 말할 수 있도록 컬러와 그림을 통해 상담하고 있다. 또 자신을 알아차리며 찾은 나다움을 기억할 수 있게 향기에 담아주는 <마음을 그리는 코칭>을 하고 있다.

BLUE

<냉정, 고독, 상실, 우울, 무기력, 연민, 예민, 비판, 자기 보호, 자기 탐구, 소통, 안정감, 명확함, 성취감, 책임감, 해방, 분석>

블루는 하늘과 바다처럼 넓은 포용력을 가지고 있는 컬러이다. 깊은 바다에 빠지듯이 우울하고 무기력할 때도 있지만 조용하고 내성적인 성향으로 자기 자신을 탐구하고 소통하면서 안정감을 찾는 컬러이기도 하다. 겉으로는 냉정해 보이지만 솔직함 속 따뜻한 매력을 갖고 있다.

HER'S STORY

진짜 하고 싶은 말 대신 거친 행동으로 표현한 아이가 있다. 사랑을 받는 방법도 주는 방법도 서툰 아이는 사람들과 어울릴수록 상처만 받았다. 버려지기 전에 떠나는 게 익숙한 아이는 그림을 그리면서 진짜 하고 싶은 말을 하기 시작했다.

이제는 사람들 사이에서 나와 같은 상처를 지닌 이들에게 다가서며 그들을 품으며 살아가고 있다. 어둡기만 했던 블루가 이제야 빛을 내며 사람들에게 다가가는 과정을 담고 있다.

마음의 빗장을 열고 싶은 이들에게

따사로운 햇살마저 무료해진 어느 날, 아이들의 웃음소리가 창문 너머로 들어왔다. 창밖을 내다보니 여자아이들 몇 명이 모여서 놀고 있었다. 특별한 것 하나 없는 작은 놀이터인데 뭐가 그리도 즐거운지 아이들은 숨이 넘어갈 듯 웃고 있었다. 마음 같아선 시끄러우니 저리 가라고 소리치고 싶었지만, 나는 아랫입술을 꽉 깨물며 꾹 참았다. 그런 나를 비웃기라도 하는 듯 아이들 머리 위의 하얀 구름마저 눈부시게 예뻤다. 약이 오를 대로 오른 나는 온 힘을 다해 창문을 '쾅' 닫아 버렸다. 바람에 실려 온 꽃 내음에 다시 어린 시절 기억이 훅 떠올랐다.

오늘처럼 화창한 어느 날이었다. 하교 종소리와 함께 아이들이 우르르 쏟아져 나왔다. 같이 갈 친구가 없던 나는 쏜살같이 나갈 타이밍을 놓칠 때면 차라리 늦게 나오곤 했다. 느릿느릿 걷다가 아이들이 보이면 마치 바쁜 일이 있는 듯 발걸음을 재촉했다. 그런 내 마음을 아는지 모르는지 눈치 없는 한 아이가 말을 건넸다.

"야! 너는 왜 혼자 가? 같이 갈 친구 없어?"

내심 같이 가자는 말을 기다렸던 나는 몹시 서운했다. 친구가 없는 것을 들킨 것 같아 순간 얼굴이 화끈거렸다. 나는 도망치듯 학교를 빠져나왔다.

집 앞 놀이터가 보이자마자 나는 자리싸움이라도 하듯 모랫바닥에 가방을 휘리릭 던지며 그네를 향해 달렸다. 그네를 차지한 나는 멀리서도 내가 잘 보일 수 있게 일어나 그네를 탔다. 그리고 놀이터를 지나갈 친구들을 기다리며 뭐라고 말할지 고민하고 또 연습했다.

'얘들아! 나 이십 분 정도 시간 있는데 같이 놀래? 아냐, 이건 너무 어색해. 야! 내가 그네 서서 타는 법 알려줄까?'

드디어 아이들의 목소리가 들려오기 시작했다. 분명 기다렸던 순간이었지만 입이 떨어지질 않았다. 나는 결국 한마디도 하지 못했고, 친구들의 목소리는 점차 작아져만 갔다. 나는 그네에서 내려와 모래 묻은 가방을 툴툴 털며 혼잣말을 했다.

"오늘도 신나게 잘 놀았다."

나의 기억 속 그날은 가슴 아리게도 화창한 봄날이었다.

그래서일까. 나에게 친구는 보통의 의미와는 달랐다. 오늘은 친구였는데 내일은 친구가 아닐 것만 같아서 그저 멀리서 바라만 볼 수밖에 없는 존재였다. 그러다 혹여나 먼저 다가오는 친구가 생길 때면 마치 내 것이 아닌 것을 탐한 사람처럼 불안해하기도 했다. 뺏기지 않고 싶은 불안감은 이내 집착으로 바뀌었다. 때로는 나의 집착으로 인해 하나둘 친구들이 떠나면서 나는 사람들과 어우러져 살아가는 방법도 잊게 되었던 것 같다.

'나는 언제부터 혼자만의 상상 놀이가 편해졌을까? 나는 왜 진짜 하고 싶은 말을 못 하게 되었을까?'

질문을 떠올리는 순간, 어릴 적 나의 모습이 생각났다. 나의 어린 시절은 동네의 꼬마 깡패였던 여섯 살 이전과 그 후로 나누어져 있다.

부모님이 모두 일하러 나가시면 나의 유일한 친구는 언니였다. 그런 언니에게 나는 엄마 없는 상실감을 다 풀어댔던 것 같다. 툭하면 고래고래 소리를 지르며 언니를 이겨 먹으려 하고, 꼬집고 때리면서 악을 쓰기도 했다. 언니가 등교하고 없을 때는 할머니를 쫓아다니면서 사사건건 훼방을 놓았다. 지금 와서 생각해 보면 사실 그때의 나는 진짜 하고 싶은 말이 따로 있었던 것 같다. 하지만 말로 표현하는 대신 말썽을 피웠고 가족들은 그런 나를 버거워하기 시작했다.

방학이 되면 엄마는 언니와 나를 데리고 종종 외가에 가곤 했다. 그런데 하루는 이상한 기분이 들었다. 어린 나였지만 뭔가 직감했던 것일까. 그날따라 왠지 모를 불안감이 몰려왔다. 불안감의 정체를 마주하는 데 그리 긴 시간이 걸리지는 않았다. 엄마는 그날 나만 남겨두고 언니와 함께 사라졌다. 그렇게 나는 혼자가 되었다.

'왜 하필 언니가 아니라 더 어린 나여야 했을까? 내가 말도 잘 듣고 예쁜 말만 하는 아이였다면 달라졌을까?'

그때의 나는 마치 버림받은 아이처럼 지독한 외로움과 그리움에 사무쳤다. 나만 사랑받지 못하는 것 같아 억울하고 원망스러웠다. 하지만 나를 두고 갈 것을 예상이라도 한 아이처럼 겉으로는 태연한 척 엄마가 올 날을 기다리고 또 기다렸다. 그리고 지루한 시간을 버티기 위해 나는 그림을 그리기 시작했다. 그 이후로 그림은 나에게 친구가 되어주었다.

엄마와 함께 사라진 언니에 대한 원망은 마음의 거리를 만들게 했다. 많은 사람과 어울리지 않는 나에게 언니는 유일한 친구지만 내가 생각하는 언니와 나의 마음의 거리는 백 미터이다. 나에게 백 미터란 누군가 언제든지 내 눈앞에서 사라져 버려도 상처받지 않을 거리다. 항상 나를 챙겨주는 언니지만, 나는 자주 연락하고 안부를 물어보는 살뜰한 동생은 아니었다. 함께하고 싶은 마음을 표현하면 떠날까 봐 진짜 하고 싶은 말을 하지 않게 되었다.

어른이 되어서도 그 아이는 불쑥불쑥 나를 찾아왔다. 나는 새로운 환경에 적응해야 할 때면 항상 불안감에 멍청해진다. 사람들이 나를 좋아하지 않는다는 생각으로 고슴도치처럼 가시를 잔뜩 세우고 긴장했다. 그래서 나를 생각해 주는 말들조차도 공격하는 것으로 받아들였던 것 같다.

사람들이 내 마음이 어떤지 잘 알지도 못하면서 자기들 멋대로 말한다고 생각했고, 사람들을 피해 나 혼자만의 성을 만들기 시작했다. 사람들과 함께하고 싶었지만, 그 방법을 몰랐다. 결국 나는 모든 것을 차단하고 내가 만든 성안에 자신을 가두었다. 그 안에 있으면 더 이상 상처받을 일은 없을 거로 생각했지만, 외로움이 깊어지면서 나는 점점 더 우울해졌다.

내 안의 얼음이 녹아내리던 순간은 생각지도 못한 때에 찾아왔다. 우연히 인스타그램에서 컬러 보틀을 보게 되었다. 무심코 지나쳤던 컬러 보틀은 이상하리만큼 계속 눈앞에 아른거렸다.

'저 영롱한 컬러들은 뭐지? 나는 어떤 컬러일까? 컬러

보틀 속에는 무슨 이야기들이 숨어 있을까?'

이런저런 궁금증에 잠을 이룰 수가 없었다. 문득 나의 컬러를 알게 되면 남들과 다른 나에 대한 궁금증이 풀릴 것만 같았다. 지금까지 받아 본 진단과 상담은 항상 누군가에 의해 결정되고 설명을 들어야만 했기에 이해되지 않는 것들도 많았다. 그런데 컬러는 분명 다르게 다가왔다. 비로소 내가 나 자신을 정의 할 수 있을 것 같았다.
'나'를 알고 싶었던 내게 컬러테라피는 마치 뜨거운 사막에서 만난 오아시스와도 같았다. 지금까지 유별나다고 핀잔만 들었던 모든 행동에 '나다움'이라는 이름을 붙여줄 수 있게 되었다. 온전히 나를 이해받자 봉인되었던 마음의 빗장이 스르륵 열리기 시작했다.

마치 컬러는 나의 모든 시간을 다 알고 있다는 듯 내게 따뜻한 위로를 건네주었다. 나를 생각하면 떠오르는 컬러는 무엇인지 물어볼 때면 많은 이들이 바다 같은 블루라고 했다.
모든 컬러는 빛과 그림자처럼 반대되는 의미를 갖고 있는데 그동안 나는 블루의 그림자로 살아왔던 것 같다.

하지만 그것은 내가 나를 지키기 위한 최선이었다는 걸 알게 되었고, 이제는 블루만이 가지고 있는 소통의 힘으로 다른 사람들의 감정을 어루만져 주고 싶어졌다. 단순히 사람들의 이야기만 듣는 것이 아닌 내면의 힘을 깨워주는 사람이 되고 싶었다. 지금의 나로서는 부족하다 느꼈고 늦은 나이지만 다시 공부하고 싶었다. 하지만 한창 공부해야 하는 두 아들이 마음에 걸려 선뜻 시작할 용기를 내지 못했다. 고심하며 주저하던 내게 남편이 말했다.

"십 년 전에도 코칭 공부하고 싶어 했잖아. 지금도 하고 싶다면 진짜 하고 싶은 거니깐 더 늦기 전에 시작해! 내가 도와줄게."

남편의 말 한마디에 용기를 내어 바로 코칭 공부를 시작했다. 그때만 해도 열심히 공부만 하면 될 줄 알았다. 하나 실상은 그렇지 못했다. 코칭에는 경청이 기본인데 경청이 되지 않으니 호기심이 생기지 않았다. 이야기를 듣는 내내 자꾸만 내 생각이 올라왔다. 게다가 같은 아픔을 가진 고객을 만나면 나의 결핍이 함께 올라와 코칭을 망치기 일쑤였다. 그런 날이 반복되자 조바심이 났다. 뒤

늦게 한 공부였기에 잘하고 싶었다. 욕심이 커질수록 조바심과 불안감도 커졌다.

불행은 겹쳐서 온다고 했던가. 심리를 공부하면서 꼭꼭 숨겨놓은 내면의 아이가 고개를 쑥 내밀었다. 마치 출구 없는 미로에 내면의 아이와 단둘이 갇힌 듯했다. 앞이 보이지 않는 불안감과 두려움이 날 삼켜버릴 것만 같았다. 때마침 지도교수님이 심리상담이나 심리치료를 권했다. 수년간 받은 심리상담이 별 효과가 없었던 터라 마지막으로 속는 셈 치고 심리치료를 시작했다. 아니나 다를까 이번에도 시작하는 동시 엄청난 저항을 하기 시작했다. 주제와 상관없는 이야기를 하는가 하면, 예민함이 극에 달아서 극도로 소심해지거나 날카로워지기 일쑤였다. 오히려 나의 시간은 거꾸로 가는 것만 같았다. 저항감이 줄어들지 않자 선생님은 지금의 감정을 그림으로 그려보라고 했다. 이번엔 별다른 저항 없이 자연스럽게 그림을 그렸다. 그림과 함께 지독하게 외롭고 지루했던 시간을 자연스럽게 마주하게 되었다.
그때 그렸던 그림을 잠깐 소개하자면, 컴컴한 반지하에 혼자서 우두커니 있는 꼬마가 자신의 키보다도 높은 창문 사이로 저녁노을을 바라고 있는 그림이었다. 그림 속 꼬마는 곧 돌아올 식구들을 기다리며 애써 괜찮은 척하고 있었다. 그토록 기다리던 식구들이 왔지만 꼬마는 식구들을 반갑게 맞이하지 않는다. 어차피 또다시 혼자가 될 거란 생각을 해오던 나의 어린 시절 모습이 담겼던 것 같다.

단단한 저항력에도 서서히 균열이 생기기 시작했다. 온전히 나로서 있지 못하게 하는 불안감, 두려움, 외로움의 얼굴을 마주하기 시작했다. 그리고 그 감정들을 차례대로 그리면서 이름을 붙여주었다. 찬찬히 마주하다 보니 나를 움츠리게 한 상처들이 오히려 나를 지탱해 주는 튼튼한 기둥으로 바뀌게 되었다. 그러면서 조금씩 달라진 나를 만날 수 있었고 내 그림도 변하기 시작했다.
메마른 나무에 꽃이 피어나듯 어둡기만 했던 그림에 컬러가 보이면서 지독한 외로움으로 표현되던 나의 어린 시절이 꽃내음 가득한 방안으로 바뀌어 있었다.

나는 심리치료가 끝난 후에도 혼자 커피숍에서 열 시간씩 그림을 그렸다. 그림을 그릴 때는 시끄러운 음악 소리도 들리지 않았다. 마치 혼자 숲속에서 그림을 그리고 있는 듯 고요하고 평온했다. 온전히 나로서 있을 수 있는 시간이었기에 어떤 것도 나를 흔들지 못했다. 그림은 여섯 살에 멈춰있던 내면의 시계를 움직이게 했다.
컬러와 그림을 통해 치유되면서 나와 같은 어려움을 겪는 사람에게 도움이 되어주고 싶어졌다. 사람들에게 도움이 되기 위해 시작한 공부였지만 제일 혜택을 받은 건 바로 나였다.

지금도 나는 가끔 위태롭게 흔들린다. 그러나 이제는 두렵지 않다. 넘어지면 일어서는 방법을 알기에 더는 불안하지도 않다.

나는 무엇 때문에 힘든 걸까
나는 어디로 가고 있는 걸까

칠흑 같은 어둠 속에서
코칭은 내가 가야 할 길을 알려준 북극성이었고,

북극성을 따라가다 힘들고 지칠 때
컬러는 나다움을 잃지 않게 하는 오아시스였다.

HER'S WORDS

138 . 이상한 게 아니라 색다른 거야

부모라면 한 번쯤은 '친구 같은 엄마'를 꿈꿔본다. 하지만 현실에선 아이들이 크면서 점점 대화는 줄어들고, 거리는 멀어진다.

사랑하는 아이들과 대화가 어려운 이유는 뭘까. 겉모습은 어른이지만 내 가슴 속에 아직 자라지 못한 내면의 아이가 소리 없는 아우성을 치기 때문이다. 아이들과의 소통 이전에 우선 그런 나를 만나야 했다. 내 마음의 소리를 들어야 했다. 내면의 아이와 마주하기 위해 나는 수없이 그림을 그렸다.

또 이번 작업을 통해 글에 대한 공포감을 덜어낼 수 있었다. 글을 통해 나를 들여다보고 상처를 치유하는 작업이 쉽지 않았지만, 그 과정에서 어린 나를 만나 안아줄 수 있었다.

가족들과 관계뿐만 아니라 사람들과의 관계에서 힘든 이들이 이 글을 보며 힘을 얻기를 바란다.

고요함 과
강인함

김도원

<아유알람> 대표.
어릴 적부터 그림 그리는 것을 좋아해서 미술작가가 되었고, 중학교 미술 교사와 대학교 교수를 역임했다. 현재는 아유알람 대표와 국제컬러조향협회장으로 강의를 통해서 사람들과 소통하고 있다.
http://blog.naver.com/ayualamt

HER'S WORK

일본 스에나가타미오 연구소에서 사사 받은 색채심리와 십 년간의 향기제조업을 바탕으로 <색채심리조향사>라는 새로운 직업을 탄생시켰다. 행복했던 기억과 감정을 색칠하고, 향기를 만들어서 지속할 수 있는 프로그램을 만들고 교육하는 일을 한다. 더불어 개인과 기업의 시그니처 향기를 브랜딩하는 교육을 하고 있다.

INDIGO

<냉정, 특권, 고집, 보수적, 우울함, 침체, 권위, 직감, 통찰력, 신중함, 평온함, 신뢰성, 전문성, 논리적, 사고적, 강인함>

인디고는 깊은 바다의 푸름을 상징하며, 그 깊이에는 우리의 상상력을 자극하는 무한한 가능성이 숨어있다. 때로는 우울함과 약간의 어둠이 뒤섞인 감정을 떠올리기도 한다. 그러나 이 어둠은 도전과 극복을 향한 열정으로도 표현될 수 있다. 냉정함 속 부드러운 강인함으로 안정감을 되찾을 수 있도록 도와준다.

HER'S STORY

나이가 들어가며 젊은 시절과 다른 모습으로 변해가는 과정을 마주하게 된다. 성장하면서 여러 사람을 만나 하나씩 깨닫고 다듬어져 갔다. 지금의 내가 되기까지 어린 시절의 부모님과 나의 두 아이의 영향력이 가장 컸다. 엄마이기에 변할 수밖에 없었던 순간에 스에나가타미오 선생님을 만나 색채치유를 비롯한 많은 가르침을 받고 더욱 성장했다.

막막한 현실을 애쓰며 살아가는 젊은이들에게 나의 소중한 경험을 나누고 강인한 영향력을 전하며 함께 걸어가고 있는 이야기를 담았다.

삶 속 강인한 지혜를 찾는 이들에게

"컬러로 나를 표현해 보세요."

내가 사람들과 많이 나누는 대화 중 하나이다. 그런데 어느 날 누군가 물었다.

"선생님은 무슨 컬러 같으세요?"

질문과 함께 들려준 이야기가 흥미로웠다.

"사실은요. 선생님 처음 뵈었을 때 핑크 또는 옐로우 그린처럼 여리고 포근한 느낌의 들꽃이 떠올랐거든요. 그런데 많은 사람을 이렇게 이끌어 가는 힘은 도대체 어디서 나오는 거예요?"

질문을 받고 나는 잠시 나를 돌아보았다.

아주 넓은 바다의 맨 밑바닥은 바람에 출렁이는 파도도 없고 기후에 따라 변함이 전혀 없는 고요한 상태. 캄캄해서 한 치 앞이 안 보이기 때문에 마음의 눈으로 보아야 하는 곳. 그와 같은 마음을 가질 때의 나를 컬러로 표현해 보면 인디고라고 대답할 것 같다.

지금까지 살아오면서 어려운 상황에 부딪힐 때면, 나는 심해의 바닥에서 죽은 듯 미동도 없이 멈춰있었다. 그러다 보면 조금씩 꿈틀거리며 서서히 수면 위로 올라가는 힘을 느낄 수 있었다. 그 힘은 어디에서 왔을까. 나의 대답은 나의 삶에 가장 많은 영향을 주었던 부모님이다.

특히 나는 아버지에게 참 많은 영향을 받은 것 같다. 나의 아버지는 따뜻함과 엄격함을 다 가진 분이었다. 지금의 나처럼 화초 가꾸는 것을 참 좋아해서 언제나 우리 집은 꽃집과도 같았다. 그러나 때로는 동생과 나는 아버지를 무척 무서워했다. 큰 소리로 호통치거나 화난 목소리를 낸 기억은 없지만 잘못했을 땐 따끔하게 혼을 내던 무척 엄격한 아버지였다. 물건도 아껴 써야 하고, 제자리에 반듯하게 놓아야 하고, 말씨도 고운 말을 써야 하고,

그 모든 것을 몸소 행동으로 보여주는 사람이다. 아버지는 아무리 아파도 할 일은 꼭 해냈다. 많은 연구논문을 썼고, 동백 훈장도 받았고, 교장선생님으로 존경받는 교육자였다. 또한 수묵화도 잘 그리고 붓글씨를 잘 썼다. 아마 내가 자연스럽게 그림을 그리게 된 것도, 교육자가 되어야겠다고 마음먹은 것도 아버지의 영향이지 싶다.

부모님의 영향을 가장 많이 받았던 학창 시절의 나는 평상시에는 말수도 적고 다른 사람과의 언쟁은 생각하지도 못했다. 초등학교 때 친구들이 안 놀아주면 힘들다는 것을 경험한 이후로는 친구들과 되도록 원만하게 지내려고 했다. 불편한 감정이 생겨도 대화나 다툼을 통해 풀려고 하지 않고 무조건 참아서 원만한 관계를 유지하려고 노력했다. 그렇게 두루뭉술하게 나의 감정을 다듬어 갔다. 할 말을 못 하니까 다음에 만나면 이렇게 말해야지 하면서 상대방에게 못 한 말을 머릿속에서 계속 되뇌곤 했다. 그냥 앞에다 대고 말하면 되는데 그러지 못하고 생각으로만 말했다. 힘들어서 멈추고 싶었지만, 생각조차 마음대로 멈출 수가 없었다. 마음속으로는 수백 번 반복되는데 입 밖으로 나오지 않았다. 부당한 대우와 잘못된 신념 앞에서도 난 아무 말도 못 했다. 슬그머니 도망갔다. 누구와도 다투지 않고 지냈다. 그래도 주어진 일에는 최선을 다했다. 어떤 상황에서든 최선을 다하는 나의 모습도 어릴 적 아버지의 영향이라고 생각한다.

아이들을 키우면서 대학 강사와 섬유예술 작가로 활동했던 시절, 나는 무엇을 위하여 사는지조차 모른 채 앞만 보고 달려갔다. 시간 가는 줄 모르고 그림을 그리는 열정의 시간을 보내고 있었다. 무엇이 되고자 하는 욕심이 매우 컸다.

하지만 일과 육아로 힘든 마음은 그림에 고스란히 나타났다. 브라운 계열의 딱딱한 마른 널빤지를 그리더니 급기야는 그림에서 컬러가 점점 빠지기 시작하면서 진한 브라운은 베이지로, 강렬했던 컬러는 연한 무채색으로 표현되었고 시간이 더 지나면서 결국엔 그림을 그만두게 되었다. 이런저런 생각이 많아서 머릿속에서는 팬이 계속 돌아가는 것처럼 느껴질 만큼 버거웠다.

어렸을 적부터 그림을 떠나서 살 수 없었는데, 직장도 미술대학에서 공과대학의 겸임교수로 옮기고부터 컴퓨

터그래픽을 가르치니까 더욱 물감을 쓸 일이 없었다. 다시 미술대학에 가서 그림을 그리고 나를 찾아야겠다는 생각으로 꽉 차 있을 때 신문에 난 공고가 눈에 들어왔다.

한국에 색채학교를 세울 계획으로 스에나가타미오 박사님의 수업을 할 수 있는 교수진을 찾는 공고였고, 나는 스에나가타미오 박사님의 제자가 되기 위하여 일본에 가게 되었다. 한참 지나서야 이것이 치유의 시작이라는 것을 알게 되었다. 하라주쿠 역에서 내려서 오모테산도에 위치한 <하트 앤 컬러> 색채학교까지 가는 길은 여러 가지였지만, 지름길로 걸어가면 십오분쯤 걸렸다. 차비도 아끼고 골목 상점을 구경하는 것도 재미있어서 매일 걸어 다녔다.

일본 색채학교에서는 누리에라는 윤곽만 그려놓은 그림에 색칠을 통해 나를 표현하고 마주하는 시간을 갖게 한다. 나는 내가 처음으로 색칠한 누리에를 20년이 지난 지금도 소중히 간직하고 있다. 그 당시 나의 마음을 들여다보면서 '매우 아팠구나. 그래도 참 다행이었어.'라는 생각이 들었다. 오랫동안 말도 못 하고 뭉쳐진 마음을 색채심리로 치유할 수 있었으니 정말 다행이라고 생각하지 않을 수 없다. 마음이 편안했는지 수업 시간에도 계속 잠이 쏟아져 내렸다. 꾸벅꾸벅 졸면서 노트필기를 빨간색 펜으로 계속하고 학교에서 돌아오면 함께 공부하는 분들과 사례연구를 하였다.

"너는 의사가 아니다. 조력자다. 열 명 중 아홉 명에게 잘한다고 해도 한 명이 너로 인해서 상처받으면 안 된다."

선생님께서는 늘 이렇게 말씀하셨다. 지금도 감사하는 부분이다.

차일드 인스트럭터 과정 수업 시간에 게임만 하는 아들이 왜 그런지 질문해 보았다. 선생님은 매슬로우 욕구 5단계 이론을 칠판에 그리면서 설명하셨다. 인간 행동은 각자의 필요와 욕구에 바탕을 둔 동기에 의해 유발되고, 하위단계의 욕구가 충족되었을 때 점차 상위욕구로 나아간다는 이론이었다.
나는 그때 알았다. 아들은 어릴 적에 어리광을 부린 적이 없었다는 것을. 애어른처럼 그림 그리는 엄마를 대신하여 자기 일은 스스로 해결하는 것은 기본이고 동생까지 챙겼다. 아이를 애어른으로 만든 것은 다름 아닌 나였다. 아이는 '싫어요.'라는 말도 하지 않았다. 어릴 때 감정을 표현하지 못하고 부모님이 원하는 대로 하려고 애쓴 거였는데, 나는 그것도 모르고 속 깊은 아이라고 오히려 동생을 유치원에서 데려오는 일까지 맡겼다. 알고 나니 몹시 미안한 마음이 들었다.
아들에 관해 깨닫고 난 후론 무언가 마음의 여유가 생겼다. 난 산책도 하고 사람들과 대화도 나누며 점점 더 나은 사람이 되어가는 듯했다.

노을이 정말 예뻤던 날, 가깝게 지내던 미국에서 온 선생님과 공원 언덕을 오르면서 물어보았다.

"그런데 왜 처음에 저를 싫어하셨어요?"
"선생님이 노란색을 좋아해서 싫었어요."
"왜 노란색을 싫어하세요?"
"노란색은 저에게는 죽음의 색이에요."

그때는 그 사람만의 경험과 기억에 의한 색채 기억인 분자 색채에 대해서 배운 후였다. 그렇기에 서로를 이해할 수 있었고 마음을 터놓고 얘기할 수 있었다. 하루도 쉴 틈 없이 벅찰 정도로 공부의 양은 많았지만 재미있었다. 한국으로 돌아올 때쯤에는 매우 다양한 컬러를 사용해서 그림을 그릴 수 있을 만큼 치유되었다.

졸업식 날 스에나가타미오 박사님께서 지금까지 배운 것을 한국으로 돌아가면 어떻게 쓸 것인지 계획을 물었다.

"한국의 엄마들과 아이를 키우면서 느끼는 어려움을 나누며 이겨내는 데 도움을 주고 싶습니다."

한국에 돌아온 뒤 첫 번째 고객은 바로 나였다. 아파트 현관문을 열고 하얀 실내를 보는 순간 가슴이 철렁했다. 지금까지 내가 이런 곳에서 살았다니 온통 하얗기만 한 실내는 편안함이라고는 찾을 수가 없다. 바로 백열등으로 교체했다. 조명은 집안 전체의 분위기를 편안하게 해 주었다.

다음 날, 나는 아들이 무단결석을 하고 있다는 것을 알았다.

"왜 학교 안 갔니?"

아들은 묵묵부답이었다. 담임선생님께서 데리러 오시기도 하고, 혼내기도 하고, 울어보기도 하고 아무리 해도 학교에 안 갔다. 어느 날은 학교에 가고 어느 날은 학교에 안 가는 아이를 보며 혼란스럽기 짝이 없었다. 이유가 있겠지만 말을 안 하니 알 수가 없었다. 학교에서 문제아 취급을 받을까 봐 걱정되어 주변에 상의하니, 모두 혼내서라도 학교는 꼭 보내라는 말뿐이었다.
하지만 스에나가타미오 박사님의 조언을 떠올리며 어떤 상황이든 받아들이고 아이를 편안하게 해주기로 했다. 담임선생님을 만나서 학교에 안 가는 날은 책임지고 홈스터디를 시키겠으니 믿어달라고 부탁드렸다.

마음을 닫고 있는 아이를 위해서 할 것은 별로 없었다. 그 당시 베스트셀러였던「칭찬은 고래도 춤추게 한다」라는 책을 낡을 정도로 반복해서 읽었다. 하루에 세 번

칭찬하자. 고등학교 졸업할 때까지 삼 년. 칭찬하면 고래도 춤춘다는데 사람이 춤 안 추겠나 생각했다. 하지만 학교도 안 가고 만화책 읽는 아들 보면서 칭찬하기란 여간 어려운 게 아니었다. 오늘은 무엇으로 칭찬할까 그저 유심히 아들의 행동을 볼 수밖에 없었다. 아들은 밥을 잘 먹는다. 큰 키 덕분에 높은 곳의 물건을 내려주기도 했다. 그럴 때면 놓치지 않고 바로 칭찬해 주었다.

"우리 아들 밥도 잘 먹고, 이렇게 키가 크니까 엄마가 못하는 일도 도와주네. 정말 고마워."

아이를 유심히 관찰하면서 시시때때로 칭찬거리를 찾았다. 아이는 싫은 것은 대답 대신 고개를 끄덕이고, 반면 좋은 것은 얼른 대답한다는 것을 알았다. 고등학교 2학년 때 처음으로 아들의 언어표현을 알게 된 것이다. 그동안 양육방식에 깊은 회의감이 들었다.

아버지도 교육자였고, 나도 선생님이니 그동안 나의 교육방식이 옳다고 믿어왔다. 아들은 매우 속이 깊고 사람을 편하게 한다. 다른 이를 흉보는 일도 없고 자기의 주장을 내세우느라 언쟁하지도 않는 성격이다. 싫으면 슬그머니 안 할 뿐 분란을 일으키지 않는 조용한 아이였다.

정작 변한 것은 나였다. 내가 변하자 아들은 엄마에게 자기 생각을 하나둘 얘기하기 시작했다. 지금까지 난 마음의 문을 열지도 않으면서 아이들에게 의견을 얘기하라고 했던 것이다. 아이가 의견을 얘기하면 그건 잘못된 생각이라는 듯 내 생각으로 설득하려고 했다. 참 미안한 마음이 들었다.
그동안 잘못했다는 것을 깨닫고 아이의 말을 그대로 들어주려고 노력했다. 그런데 바로 변화가 생기진 않았다. 아파한 시간이 길수록 치유되는 동안 참고 기다려야 했다.

이후 아들뿐 아니라 가르치는 학생들도 유심히 보게 되었다. 학생들이 무엇을 좋아하는지 살피면서 그 사람의 특징과 장점을 보는 눈이 생겼다. 내 아이의 장점 세 개를 찾는데 들인 습관이 다른 이의 장점을 찾아주는 감각으로 자리 잡은 것이다.

모든 것이 색채심리 과정을 통해 내가 치유되었기 때문에 가능한 일이었다. 내가 건강하지 못했다면 기다려 줄 수가 없어 조바심을 내고 삼 년 동안 일관되게 행동하지 못했을 것 같다. 아이가 어떤 선택을 해도 다 받아들이기로 마음먹었을 때쯤이었다. 애쓰는 엄마가 안쓰러워 보였는지 아이가 나를 부르더니 말했다.

"저 대학 갈게요. 그 대신 대학 가면 공부하라고 하지 마세요."

공부하라는 말은 안 했지만 아이는 엄마가 원하는 것이 무엇인지 알고 있었다. 그러니 부모가 공부하라고 굳이 입으로 말하지 않아도 된다. 어차피 하고 싶으면 하고 하기 싫으면 안 하게 되어있다.
아들은 원하는 과에 입학했지만, 또다시 자기 적성을 찾기 위해 스스로 노력했다. 많은 시행착오를 거쳐서 지금은 컴퓨터 프로그램 개발자로 일하고 있다. 자기에 맞게 산다는 것은 무엇일까. 그것은 자신이 디자인하는 삶, 다시 말해 자신이 직접 선택하고 책임지는 삶이다.

지켜보는 부모의 입장에서는 늘 힘들다. 두 아이를 키우면서 인내와 객관성을 가지는 훈련을 하게 된 것 같다. 두 아이가 삼십 대에 들어서서 자기의 삶을 찾아가는 여정을 지켜보면서 나의 내면은 더욱 단단해졌다.

앞으로 나의 삶은 어떻게 될까. 고민 끝에 나는 지금까지와는 다른 삶을 살겠다고 다짐했다. 두 아이의 엄마에서, 나아가 더 많은 사람의 엄마 같은 존재로 거듭나고 싶어졌다.

내가 하는 일은 조금씩 달라지기도 했지만 컬러와 향기를 기반으로 하고 있다. 사람을 만나고 나누는 나의 공간 안에서 컬러가 가진 치유의 힘이 일어나기 시작했다. 지금은 많은 사람이 나와 함께하는 테라피를 통해 마음을 치유하고 있다.

대학에서 학생들을 교육했던 경험, 스에나가타미오 박사님으로부터 배운 색채심리로 MZ 세대와 컬러로 소통하면서 캐릭터 향수를 만들어 주었던 경험, 브랜드를 만들고 향기 제품을 제조해서 판매했던 경험을 토대로 예전에는 지식을 가르쳤다면 지금은 현실을 잘 살아갈 수 있도록 같이 뛰어다닌다.
수강생들과 대화를 통해서 내가 부드러운 옐로우그린과 심해바다처럼 깊고 강인한 인디고 모습을 가지고 있다는 것을 알게 되었다.

평생을 교육자의 올곧음으로 살았던 아버지처럼 나는 많은 이들에게 나만의 부드러우면서도 강인한 지혜를 전해주고 싶다.

어린 시절의 겨울은 눈도 많이 오고 추웠지만 부모님이 계신 방안은 항상 따뜻했다. 추운 겨울이면 밖에서 키우던 화분들이 방 안으로 들어와 평소에 느껴보지 못한 향기들과 마주하곤 했다. 온 가족이 함께 살았던 어린 시절의 기억은 지금까지 나에게 용기를 주고 지지해 주는 향기가 되었다.

나의 아버지께

항상 등불과도 같이 옆에서 지켜봐 주시고 용기를 주셨던 아버지. 어린 시절 어느 겨울날 아버지 방에서 전해지던 하얀 치자꽃 향기를 기억합니다. 저에게 들려주셨던 이야기들을 이번에는 제가 꽃향기로 담았습니다.
아버지 사랑해요.

HER'S WORDS

162 . 이상한 게 아니라 색다른 거야

오랫동안 마음속에 담아온 내 이야기가 인디고 컬러를 통해서 세상 밖으로 나온 것 같다.

있는 그대로 받아들이고 내 마음을 바꾸면 편안해진다는 것을 알게 되었을 때, 항상 힘들었던 것들이 어느 순간 힘들지 않게 느껴졌다.

이 글을 쓰면서 그 힘의 원천이 어린 시절의 기억이라는 것을 알게 되어서 기쁘다.
앞으로 많은 이들과 컬러와 향기로 기쁨을 나누고 싶다.

남다름
과
색다름

어혜진 🌸

<토크 어바웃 유> 리스너.
색다른 아이를 양육한 경험과 어린이집 교사 경력을 바탕으로 가족 상담, 개인 상담 등을 통해 사람들과 소통하고 있다. 또한 다양한 소통의 도구를 꾸준히 찾아 배우며 활동하고 있다.
@yozoo119

HER'S WORK

아이를 양육하면서 누군가 내 이야기를 들어주는 것만으로도 힐링이 된다는 것을 느끼게 되었다. 어릴 때부터 사람들의 이야기를 듣는 것을 좋아했지만 막연히 듣기보다는 소통의 도구가 있으며 좋을 것 같아 명리, 타로, 컬러 등 다양한 도구를 사용하여 사람들과 소통하고 있다.

VIOLET

<엄격, 슬픔, 우울, 변덕, 현실도피, 비현실적, 영성, 고독, 고귀함, 신비스러움, 성숙한, 상상력>

바이올렛은 불타오르는 열정을 상징하는 레드와 합리적인 이성을 상징하는 블루가 합쳐진 컬러이다. 열정과 이성이라는 상반된 두 컬러의 합은 바이올렛의 의미처럼 누구도 상상할 수 없는, 정말 현실도피를 하고 싶게 만드는 컬러이다. 또한 깊은 우울함의 컬러이면서도 치료의 힘을 갖고 있는 신비로운 컬러이다.

HER'S STORY

어린이집에 오랫동안 근무하면서 많은 아이를 보며 세상에 똑같은 아이는 없다는 것을 알고 있었지만, 내 아이를 양육하며 그 말을 몸소 체험하게 되었다.
아이를 잘 돌봐야 하는 열정의 부모와 힘들고 지칠 때도 이성적인 판단으로 중심을 잡아야 하는 부모의 양가감정은 바이올렛과 닮았다는 생각이 들었다.
색다른 아이를 양육하며 나 역시 남다른 엄마라는 것도 알게 되었다. 그 깨달음으로 리스너라는 직업을 가지게 되었고 제2의 인생을 살게 되었다. 흔들림 속에서 더욱 단단해진 엄마가 되었고, 보랏빛 미래를 꿈꾸게 된 이야기를 담고 있다.

양육에 혼란을 겪고 있는 이들에게

나의 직업은 '듣는 사람' 즉 리스너 이다. 사람들의 이야기를 들어주고 고민을 나누며 해결 방법을 찾도록 도와주는 역할이다.

나에게는 소통할 때 쓰는 특별한 도구가 있다. 그것은 명리학, 타로, 컬러인데, 이 도구들이 어떤 이들에게는 점이나 미신의 일부로 인식되어 안타까울 때도 있다. 특히 나와 같은 종교를 가진 이들 중에는 모태신앙 크리스천이 명리, 타로를 이용하여 상담하는 것이 아이러니하게 느껴진다고 말하는 사람도 있다.

나는 현재 여섯 살 딸아이를 키우고 있다. 늦은 나이에 시험관 시술을 통해 어렵게 임신에 성공했다. 임신 초기에는 조산의 위험으로 35주까지 침대와 한 몸으로 지냈어야 했다. 그 와중에 임신성 당뇨까지 오면서 마음 편히 잘 먹어야 하는 임신기간에 다이어트 식단으로 관리

해야 했다. 게다가 매일 채혈 체크까지 하려니 너무나도 힘들었다. 막상 출산할 시기가 되었을 땐 정작 아이가 나오지 않아 결국은 급하게 날짜를 잡아 제왕절개를 해야 했다.

아이는 아기 때부터 자기주장이 뚜렷했던 것 같다. 싫은 것은 절대 안 하려고 고집을 부려서 결국 조리원 원장님을 이긴 적도 있었다.

"복덩이는 양이 차면 더 이상 안 먹고 입을 꼭 다물어요. 호불호가 확실하고 자기주장이 뚜렷해서 좋아요."

조리원 선생님은 걱정하는 나에게 그럴 필요 없다며 웃으며 말했지만, 나는 퇴소 후가 걱정되었다. 아이는 역시나 자기주장이 뚜렷했고 다른 아이들보다 낯가림도 심했다. 고집은 황소고집에 예민하기까지 했다. 전직 어린이집 교사로서 많은 아이를 겪어본 나는 우리 아이가 남다르다는 걸 쉽게 알 수 있었다.

아이가 두 돌이 될 때쯤 명리를 공부한 지인을 만나게

되었다. 아이 생일을 묻더니 나에게 아이를 위해 명리를 공부해 보면 어떻겠냐고 제안했다. 우리 부부는 하나뿐인 아이에게 좋은 것이라면 무엇이든 해주자는 생각이었다. 집에만 있던 나는 밖으로 나가 배울 수 있다는 것이 좋아 흔쾌히 수락했다. 아이의 사주가 특이한 것은 진작 알고 있었지만 자세한 내용은 몰랐는데, 명리를 공부하며 아이의 성격과 주변 사람들의 성격을 이해하게 되었다. 그리고 나에 관해서도 객관적으로 돌아볼 수 있는 계기가 되었다.

간단하게 설명하자면 우리가 알고 있는 팔자가 바로 명리에서 보이는 여덟 가지 글자이다. 그 중 '오행'이라 하여 다섯 가지의 컬러가 있는데, 이 컬러가 골고루 있다면 평균적으로 평탄한 인생이라고 본다. 하지만 우리 아이는 다섯 가지 컬러 중 두 가지만 있는 특수사주였다. 아이의 사주를 좋게 보는 사람도 있지만 안 좋게 보는 사람들도 많았다.
명리적 성격으로 아이는 고집이 세고 자존심이 강하며 초반에 또래보다 느린 부분이 있다고 했다. 진짜로 아이는 18개월 때부터 걷기 시작했다. 또한 말보다는 직접 경험하며 터득하는 성향이고 다른 아이들보다 예민하므로 세심하게 양육해야 한다고 했다. 내가 느꼈던 아이의 행동이 명리적 설명과 맞다 보니 묘한 안도감이 들었다.

나는 어린이집 근무하며 생각했던 양육방식이 있었고, 내가 자랐을 때를 고려하면서 아이를 양육하고 있었다. 아직 어린 나이지만 자율성을 주었고 아이가 위험하지 않은 선에서 활동하게 두었다. 그 자율성에 대한 범위가 남들이 봤을 때는 과하다고 생각할 수 있지만 아이가 자라는 데 아직 큰 문제가 생기거나 사고가 난 적은 없었다. 또한 고집이 센 아이였기에 타협하는 방식으로 아이를 양육했다.

우리는 다른 사람들이 모르는 둘만의 규칙을 정하며 지내왔다. 몇 년 전 초가을 지인 집에 놀러 갔는데 아이가 그 집 마당에 있는 수돗가를 보더니 별안간 물놀이하고 싶다고 했다. 날씨가 춥지 않았고 내가 옆에서 지켜보면 별문제는 없을 거로 생각해서 허락해 주었다.
늦가을에 그 집에 다시 가게 되었는데 아이는 또 물놀이를 하려고 했다. 날씨가 좀 쌀쌀해서 안 된다고 했더니 아이는 내 말을 이해할 수 없다며 억지를 부렸다. 아이는 처음부터 절대 안 된다는 것은 하지 않았다. 하지만 처음에 허용한 일을 다음에 제재했을 경우, 본인이 이해되지 않으면 고집을 부렸다.

"그래 네가 몸으로 경험해 봐야 알지!"

나는 결국 허용하고 말았다. 주변 지인들은 감기 걸리면 어떻게 하냐며 걱정했다. 예상대로 아이는 추워서 오래 놀지 못했다. 아이는 왜 안 된다고 하는지 경험을 통해 알 수 있었다.

내가 키우며 본 아이는 명리에서 말한 것처럼 왜 안 된다고 하는지를 몸소 깨닫고 스스로 이해해야지만 설득이 되는 아이였다. 이렇게 남다르게 키우는 나를 보며 주변 지인들은 다양한 방법에 대해 조언해 주기도 했다. 일반적인 양육방식과 본인 아이에게 잘 맞았던 방식에 관해 이야기해 주었다. 하지만 그건 우리 아이에게는 맞지 않았다.

더구나 친한 지인들 중 크리스천이 많다 보니 내가 아이를 너무 명리적으로만 본다고 생각하기도 했다. 그들이 내 양육 방법이 이해 못 하는 건 당연한지도 모른다. 그리고 걱정스러운 말들은 나의 마음을 흔들리게 할 때도 있었다.

'너무 내 생각대로 아이를 키우고 있는 걸까? 혹시 내가 아이의 인생을 망치고 있는 것은 아닐까?'

우리 아이는 다른 아이들보다 걷기, 계단 오르기, 점프 등 또래보다 느린 편이었다. 하지만 어떤 부분은 또래보다 빠르기도 했다. 뚜껑 열기, 자기 물건 챙기기 등 단지 다른 아이들보다 조금 느리게 자라고 있을 뿐이었다.

나는 꿋꿋하게 내가 생각하던 대로 아이를 양육했고 아이는 어린이집에 갈 시점이 되었다. 나에게도 드디어 잠시지만 자유 시간이 허락된 것이다. 명리로 성격을 보다 보니 사람들의 심리에 관심을 가지게 되었고 우연히 타로 심리상담사라는 교육을 알게 되어 수업을 듣게 되었다.

일대일 수업이어서 공부보다는 나의 심리상담을 받으러 가는 느낌이었다. 지친 육아와 산후우울증으로 힘들었던 나에게 큰 위로의 시간이었다. 그냥 막연하게 이야기하는 것이 아니라 타로를 이용하여 소통하니 더 좋았다. 복잡하고 힘든 나의 마음을 정리해 주고 고민되는 일에 대해 객관적으로 생각할 수 있게 해주었다. 또 타로를 배우며 아이에게 듬직하고 강한 엄마가 되어야겠다는 마음가짐도 가지게 되었다.

그러던 어느 날 아이의 네 살 생일이 지나갈 때쯤 어린이집에서 언어발달 검사를 해보는 게 좋을 것 같다고 의견을 주고 기관도 소개해 줘서 가보게 되었다.
몇 가지 체크리스트와 사십 분 동안 아이를 보며 나와 상담한 시간만으로 아이는 아주 심각한 상태라는 결과가 나왔다. 센터 수업을 적어도 세 가지는 들어야 한다고 했다. 나와 지인들은 놀랄 수밖에 없었다. 색다른 면은 있었지만 그렇게 심각하다고는 생각하지 않았기에 나는 너무 충격적이었다. 왠지 엄마로서의 최하점의 평가를 맞은 듯한 기분이었다. 나는 그 기관의 결과에 의문이 들어 다른 여러 곳에서 추가 상담을 받고 현재 아이의 성향과 잘 맞는 곳을 찾았다. 진단은 언어 지연이었고, 정서적으로 예민하여 온 것 같다고 했다. 그래서 언어교육 위주가 아닌 감정적인 부분을 고려하며 아이에 맞춰 교육하고 있다. 아이도 처음에는 낯설어했지만, 지금은 너무 좋아하고 있다.

아이가 전혀 말을 안 하는 것은 아니었으나 본인만 아는 외계어를 했었다. 나는 아이와 소통하기 위해 아이가 대화를 시도할 때 주변 상황과 행동을 파악하여 이야기를 나누었다. 아이는 만족스러워했고 그러다 보니 어느새 나는 아이의 통역사가 되어 있었다. 다행히 아이는 작년부터 말이 많이 늘기 시작했다.

"엄마 사랑해요."
"흥, 엄마 싫어."
"이게 무슨 소리지?"
"where is 빠빠?"
"저게 뭐야?"

한국어와 영어를 오가며 언어적인 자기표현이 점점 늘어나고 있다. 센터에서는 언어적 단계로 1음절하고 나면 2음절, 3음절, 문장 등 이렇게 발달하는데 우리 아이는 1음절을 하다가도 문장으로 얘기하기도 하고 발달단계와 상관없이 한다고 했다. 그래도 우선 말을 한다는 것이 가장 중요한 것이라며 좋은 상황이라고 했다.
아직도 다른 아이들보다 느린 부분들이 있지만, 자기만의 속도로 천천히 남들 하는 것은 다 하며 자라고 있다. 아기 때도 안 했던 까꿍 놀이를 지금에야 재미난다며 하기도 한다.

지금처럼 안정되기 전까지는 나도 몹시 힘들었다. 색다른 아이를 보는 남들의 시선과 양가 부모님들의 걱정에 엄마로서 불안한 마음도 있었다. 하지만 내가 흔들리면 아이에게도 영향이 있다는 것을 알기에 꾹 참고 아이를 믿고 기다려 줬다. 힘들지만 긍정적인 마음으로 양육했고 꾸준히 좋아지는 모습에 지금은 걱정하던 지인들도 응원해 주고 있다.

그 과정에서 명리학의 도움으로 아이를 좀 더 섬세하게 바라볼 수 있게 된 것 같다. 또 타로는 줏대 없이 흔들리는 여린 내 마음을 다잡게 해주었다. 이런 도구로 인해 아이뿐만 아니라 나라는 존재에 대해 객관적으로 볼 수 있게 된 것 같다.

나도 무척이나 예민한 아이였다. 사람들 앞에서 말하기 부끄러워했던 아이, 중고등학교 시절엔 존재감이 없던 아이, 그때 나는 무슨 생각을 했었는지 생각해 보았다. 그러면서 아이의 입장은 어떨지 더 이해하려고 노력하고 있다.

명리와 타로 외에 다른 분야에도 관심을 가지게 되었다. 특히 언어가 자유롭지 않은 아이와 소통의 도구로 컬러를 공부하게 되었다. 우리 아이는 아기 때 색연필을 주면 유독 블루와 바이올렛을 고르곤 했다. 그 당시 아이는 징징대지 않고 큰 반응 없이 자기 주도적으로 활동하던 아이였다. 이 또한 컬러로 볼 수 있는 심리적 표현이었다는 것을 알게 되었다. 이런 부분이 신기하고 재미있게 느껴졌다.
지금도 가끔 아이가 표정이 안 좋을 때면 컬러 보틀을 선택해 보라고 하며 아이와 소통의 도구로 활용하고 있다. 여전히 시원한 블루를 좋아하지만, 핑크와 옐로우도 좋아한다. 지금은 징징대거나 짜증도 부리며 아주 많은 반응을 보인다. 컬러 선생님은 좋은 현상이라고 했다.
명리학이나 타로는 이제 심리상담의 혁신적 도구로 자리 잡아 가고 있다. 현재 타로는 혁신학교에서 방과 후 수업으로도 활용하고 있다는 이야기도 들었다. 나 역시 심리적으로 도움을 받았던 도구였고 나와 같은 경험을 하는 분들에게 도움이 되고 싶어 활동 중이다. 지금은 과거의 직업과 경험을 바탕으로 가족 상담이나 아이 관련 상담 등을 하고 있다. 상담할 때 먼저 명리로 가족들의 성격을 분석한다. 그리고 해결 방법을 찾는 것에 대해 소통의 도구로 타로와 컬러를 이용한다.

특별히 기억에 남은 일화가 있다. 엄마, 아빠는 명리적으로 대범한 성향의 부모였고 여동생 또한 대범한 아이였다. 하지만 첫째인 아들은 예민하고 소심한 아이였다. 대범한 가족 사이에 소심한 아이는 어땠을지 안타까운 마음이 들었다. 엄마는 딸과 아들을 비교하며 이야기했다.

"딸은 안 그러는데 아들은 왜 이러는지 모르겠어요."

소심한 아들이 이해되지 않는다고 하는 엄마에게 내가 말했다.

"아들도 그러고 싶지 않을 거예요."

그 엄마는 아들이 며칠 전에 같은 이야기를 했다며 깜짝 놀랐다. 엄마에게 아들 성향에 관해 이야기해 주고 강점을 키워 주면 좋을 것 같다고 했다. 그 후엔 어떻게 지내고 있는지는 소식은 못 들었지만, 부모의 태도가 달라졌다면 아이 또한 달라져 있지 않을까 싶다.

나는 사람들의 이야기를 들어주고 공감하며 도움을 줄 수 있다는 것에 정말 감사한다. 또한 그분들을 통해 나를 돌아보는 시간이 되기도 한다. 그러다 보니 이제는 가끔 힘들 때마다 연락이 오는 지인에게도 긍정적인 말을 할 수 있게 되었다.

"선생님, 이 또한 지나갑니다."
"힘들었던 시기가 있다면 좋아지는 시기도 있더라고요."

주변에 조언도 할 수 있는 여유도 생겼다. 내가 이렇게 바뀔 수 있었던 것은 색다른 우리 아이로 인해 남다른 나를 깨닫고 알게 되었기 때문이다. 어려움을 극복하는 과정에서 나의 숨겨져 있던 장점을 찾을 수 있었던 것 같다.

지금까지 수많은 사람의 성격을 보고 느낀 점은 이 세상 누구도 똑같을 수 없다는 것이다. 명리상 똑같은 생년월일 시간에 태어나도 부모가 다르며 쌍둥이였다 해도 먹는 것 입는 것 만나는 사람이 다르기 마련이다. 결국 사람은 다 다를 수밖에 없다.
타로 역시 본인이 뽑은 카드를 누가 스토리텔링을 해주느냐에 따라 이야기가 달라진다. 그 이야기를 듣고 결정하고 선택하는 것 역시 본인의 몫이다. 결국 모든 선택권은 나에게 있다.

나는 앞으로도 아이를 잘 양육하고 멋진 엄마이자 좋은 리스너로서 살아가고 싶다. 그것이 나의 목표이자 나의 미래이다.

어헤진 . 183

오잎클로버의 꽃말은
'대박' 또는 '불행'이라고 한다.

하지만
그 의미의 선택은
나의 몫이다.

HER'S WORDS

186 . 이상한 게 아니라 색다른 거야

글을 쓴다는 것은 나에게 새로운 도전이었다. 어려웠지만 이번 작업을 하면서 나의 미래를 구체화하는 데 큰 도움이 된 것 같다. 또 어떤 일이든 경험이 주는 것보다 큰 힘은 없다고 다시금 느꼈다.

이번 공저에 참여하게 해주셔서 감사드리고 앞으로도 다양한 경험을 통해 좋은 리스너로서 사람들과 즐거운 소통을 하도록 노력하겠다.

그리고 기회가 된다면 다시 글을 써보고 싶다.

독재 와
포용

김지운

<CCL 컬러이미지 융합연구소> 대표. 자신의 매력과 가치를 발견하고 싶은 이들에게 자신만의 아름다움과 자존감을 찾아 주는 활동을 하고 있다. 개인의 이미지 코칭뿐 아니라 기업과 공공기관에서 '나만의 퍼스널컬러', '이미지 브랜딩'에 관한 강연을 하고 있다.
@cclcolor_official

HER'S WORK

<컬러 이미지 코칭>이란 개인의 신체 컬러와 이미지를 분석하여 그에 어울리는 컬러를 제시하고, 이미지를 코칭하여 자신만의 아름다움으로 자신이 원하는 삶을 디자인해 주는 것을 말한다. '이 세상에서 가장 아름다운 색은 당신입니다.'라는 슬로건으로 퍼스널 이미지와 컬러를 융합하여 자신만의 특별함을 발견하는 가이드를 제시해 준다.

외모에 대한 고민, 자신만의 매력을 찾고 싶은 이들, 자신만의 가치, 자존감을 높이고자 하는 이들에게 자신이 얼마나 아름답고 가치 있는 사람인지를 알려주고, 컬러와 이미지 코칭을 통하여 또 다른 나를 발견할 방법을 함께 나누고 있다.

MAGENTA

<친절, 온화, 애정, 따듯함, 사랑, 연민, 포용, 배려, 보살핌, 헌신, 노력, 존중, 감사, 지배적, 독점욕, 우월감, 도도함, 거만함>

마젠타는 레드에 바이올렛을 더하여 만들어진 컬러로 가장 고상하고 신비로운 컬러이다. 애정과 따뜻함, 포용과 보살핌 등 타인의 잠재력을 발휘할 수 있도록 이끌어 주고 보살피는 컬러이기도 하지만, 타인에 대한 지나친 관심으로 지배적, 독점욕, 우월감, 자만심으로 보일 수도 있는 과욕의 컬러이기도 하다.

HER'S STORY

인생의 숲을 걷다 보면 '나는 왜 다른 사람처럼 살아갈 수 없을까?'라는 생각이 든다. 누구나 한 번쯤 느끼는 감정일 것이다. 너무나도 어리고 약한 나에게 인생의 숲은 마치 깊은 늪과도 같았다. 하지만 벗어나고 싶어도 벗어날 수 없었던 상황은 오히려 나를 더욱 성장하게 만든 힘이 되어주었다.

이제 나는 '나의 이야기'를 통해 삶이 얼마나 아름다운지를 이야기하고자 한다. 가장 나다운 방법으로 말이다.

나의 가치를 높이고 싶은 이들에게

"영숙아! 언니! 아저씨랑 결혼식장에 다녀올게! 네가 좋아하는 고기랑 떡 가지고 올게."

'쿵' 하는 문소리만 남기고 언니는 나가 버렸다. 그날이 내가 처음으로 밥을 했던 날이었던 것 같다. 그때 내 나이는 아홉 살이었다. 해가 저물어도 돌아온다고 약속했던 큰 언니는 아무리 기다려도 오지 않았다. 장사하러 간 엄마도 돌아오지도 않고, 오빠와 둘째 언니도 나타나지 않았다. 기다림과 배고픔에 지칠 때쯤 찬장에 있는 된장국이 눈에 들어왔다.

'우두둑 뚝!'
국을 떠먹는 순간 이상한 느낌이 들어서 뱉어 보니 바퀴벌레였다. 깜짝 놀란 나는 음식을 모두 토해버리고 펑펑 울었다. 눈도 못 감고 돌아가신 엄마 곁에서 두 시간 동안 울었던 그날보다 더 서러웠다. 나의 어린 시절은 배고픔과 슬픔, 억울함으로 가득했다.

'하나님! 아무도 저를 보아주지 않아요.'

나는 다섯 살부터 혼자였고 그래서 늘 외로웠다. 생계를 책임졌던 엄마는 아침 열 시면 시장에 나갔고 저녁 여덟 시가 되어야 집에 돌아왔다. 철없던 언니와 오빠는 학교에서 돌아오면 바로 나가버렸다. 어린 나는 가족들을 이해할 수 없었고, 버림받은 느낌이 들어 서럽고 비참했다.

그때부터였을까. 나는 누군가에게 사랑받기 위해서는 그 사람이 좋아하는 일을 해야 한다고 생각하게 되었다. 돌아오지 않는 언니 대신 밥을 지어야 했고, 청소를 해야 했다. 나와 같이 놀아 줄 오빠를 위해서 모든 심부름을 도맡았다. 그리고 먹고 싶은 걸 먹기 위해서 돈을 벌어야 한다고 생각했다. 그래서 열 살 때부터 소위 부업이라는 걸 했다.
종이 가방에 구멍을 뚫어 단추를 달기도 하고 공사장에 가서 철이나 못을 주워 고물상에 팔기도 하고, 슈퍼마켓에 공병을 모아 팔기도 했다. 그래도 제법 돈을 모아 빵도 사 먹고 달고나도 사 먹을 수 있었다. 어쩌면 내가 가진 사업가 마인드도 그때 만들어진 것이 아닐까 싶다.

사람들은 자신의 어린 시절을 회상할 때 따뜻하게 맞아주는 엄마에 대한 감정, 친구들과 즐겁게 놀았던 기억, 아니면 형편이 어려워서 배고팠던 시절을 떠올리곤 한다.
하지만 나의 어린 시절은 온종일 주인을 기다리는 개의 삶과 비슷했다. 그래서 나는 유년 시절 이야기를 잘 하지 않는다. 평화시장에서 상가 사람에게 음료수와 커피를 팔고 지쳐 돌아오는 엄마. 처자식은 나 몰라라 하고 다른 여자와 살면서 번번이 사기로 고소당해 형사가 집에 드나들게 만드는 아빠, 돈이 없어서 고등학교마저 포기하고 공장에 다녔던 언니, 아빠로 인해 가고자 하는 길도 선택할 수 없었던 오빠. 우리 가족에게 현실은 버겁기만 했다. 이런 가족들에게 나의 외로움은 그저 어리광이고 사치였는지도 모르겠다.

세상은 불공평하다고 생각했다. 평범한 일상마저도 허용이 안 되는 현실 속에서 우리 가족들은 부글부글 끓는 시뻘건 용광로가 되어 살았다.

레드는 혈액의 컬러로 피나 심장이라는 피의 기운과 결부되어서 생명, 정열, 열혈, 혈기, 다혈질, 본능, 사랑을 상징한다. 또한 이 때문에 생명의 근원, 생존의 본능을 표현할 때도 쓰인다. 그리고, 불을 상징하기 때문에 따뜻한 온기를 표현할 때도 쓰이지만 혈액과 더불어 폭력, 잔인성, 극성을 표현할 때도 사용되고 있다.
그래서일까. 간혹 나를 아는 이들은 나를 레드처럼 본다. 그것도 아주 시뻘건 뜨거운 레드로 본다. 너무 뜨거워서 성질도 급하고 거칠어서 자기중심적으로 말하며 먼저 생각하기보다는 바로 행동으로 옮기는 레드라고 말한다. 목표를 위해 주변 사람의 감정도 배려하지 않는 거친 리더로 나를 바라보는 경우가 많다. 인정한다. 남을 배려하기보다는 살아남기 위한 법을 먼저 배웠고, 누군가와 상의하지 않고, 스스로 혼자 해결하는 것을 먼저 배웠기 때문일 것이다.

고등학교 2학년 봄이었다. 생계를 책임졌던 엄마가 심부전증 판정을 받았다. 당장 끼니를 해결할 돈도 없던 터라 엄마의 병원비가 큰 문제였다. 시집간 언니가 엄마의 병원비를 보태주긴 했지만, 언니도 힘든 상황이었다. 그래서 나는 저녁 아르바이트를 시작했다. 친구들은 대학에 가기 위해 학교에서 야간자율학습을 하는 동안 나는 빵집, 만둣집에서 홀 서빙을 했고, 방학이면 세무서에서 허드렛일을 했다. 병원비에 보탬은 될 수 없었지만, 등록금과 생활비는 내 손으로 낼 수 있었다.

공부가 하고 싶어서 인문계 학교에 갔는데 공부에 집중할 수 없었다. 나는 너무 억울했다. 부모의 사랑, 풍족한 생활, 형제에 대한 우애도 바라지 않고 그저 열심히 살았을 뿐인데, 결국 공부마저도 포기해야 하는 현실이 너무 억울할 뿐이었다.

스무 살이 되던 해, 우연히 벼룩시장에 한복 원단에 그림을 그리는 아르바이트 모집 광고를 보았다. 경력은 없었지만 사장님의 배려로 아르바이트생이 아닌 정직원으로 디자인실에 입사하게 되었다. 회사에 다니는 동안 정말 악착같이, 그림을 그리고 문양 공부를 했다. 하루에 네 시간 잠자는 시간 외에는 그리고 또 그렸다. 그 덕분에 그리는 그림마다 매출이 높아져 월급도 올라가고 인정도 받았다. 나를 인정해 주고 나를 보아주는 사람이 많다는 것이 얼마나 행복했던지 지금 생각해 보아도 내가 대견하다. 결국 나는 서른한 살에 한복 디자인실 공방을 설립했고, 법인 설립 이후엔 매출도 점차 상승해 내 손으로 건실한 기업을 만들게 되었다. 하지만 그럴수록 대학을 포기했던 학업 갈증은 더 심해졌고, 결국 서른여덟 살이라는 늦은 나이에 대학에 들어가 디자인 공부를 시작하게 되었다.

「벤자민 버튼의 시간은 거꾸로 간다」라는 영화가 있다. "가치 있는 것을 하는 데 있어서 늦었다는 건 없다."라는 대사 때문에 나는 이 영화를 무척이나 좋아한다. 중요한 것은 끝까지 꿈을 포기하지 않고 꼭 이루겠다는 의지이다. 나는 포기하지 않고 노력했고, 결국 꿈을 이뤄냈다. 그동안 회사를 운영하면서 준비했던 공모전의 수상 경력, 단청 화공 6139호 수리 기능사, 그 밖에 한복 디자이너 경력을 인정받아 공예문화 정보 디자인 학과에 입학했다.

우리 언니는 나를 무척이나 자랑스러워한다. 어려운 환경 속에서도 공부의 끈을 놓지 않고 학사에 이어 석사까지 마쳤고, 지금은 박사 과정을 준비하고 있으니 어쩌면 내가 언니의 못 이룬 꿈을 대신해 준다고 생각하는지도 모르겠다.

한창욱 님의 저서 「걱정이 많아서 걱정인 당신에게」에 나오는 '미래는 과거처럼 단단하게 굳어버린 것이 아니라 어떤 형태로도 변할 수 있는 유연성을 지니고 있다.'라는 문장이 생각난다.
이처럼 끈기 있게 포기하지 않고 열심히 노력만 한다면 내가 상상했던 모든 꿈을 실현할 수 있다고 믿는다. 나의 미래는 현재의 자화상이다.

나의 유년 시절은 즐겁고 따뜻한 오렌지로 살 수 없는 강력한 레드, 텁텁한 레드, 썩은 레드였다면 현재는 내가 상상하는 모든 것을 현실로 만드는 바이올렛의 삶이다.
바이올렛은 이상을 나타내는 블루와 현실을 표현하는 레드가 합쳐진 컬러이다. 이상의 세계를 현실로 만들 수 있는 강한 에너지를 품고 있는 바이올렛은 자신을 강하게 드러내고 인정받을 수 있을 때 도움을 준다.
많은 이들이 외로움을 극복하는 방법 중 하나가 현실을

받아들이는 거라고 한다. 하지만 나는 쉽게 받아들일 수 없었다. 투병하는 엄마를 위해서, 그리고 8년 동안 돈 한 푼 벌어오지 않는 전 남편을 대신해서 밤낮없이 일했던 나의 현실. 거칠고 무식한 엄마로 보이더라도 딸에게 나의 과거를 대물림해 주고 싶지 않았다. 가난으로 인해 겪지 않아도 될 외로움과 슬픔을 주고 싶지 않았다.

지금은 딸아이는 화가의 길을 걸으면서 내가 운영하는 연구소의 연구원으로 함께 활동한다. 딸에게 나는 매사에 억척을 떠는 엄마였지만, 목표를 향해 끊임없이 노력하는 엄마의 모습도 봐주길 원했다. 엄마뿐 아니라 어른으로서 모범이 되고 싶었다. 그런 노력 끝에 이제는 인생을 같이 걸어가는 동반자로서 딸을 지지해 주고 사랑을 주는 엄마로 성장하고 있다.

언제가 가장 행복하냐는 질문을 받을 때마다 나는 선뜻 대답하지 못한다. 행복을 느끼는 순간은 저마다 다르겠지만 나에게 행복은 상대방이 필요한 부분을 채워주었을 때 얻는 만족감과 비슷하다. 나보다는 상대방이 중요하다는 이야기이기도 하다.

생물학적으로 가족관계는 혈연으로 이루어지는 것이

맞다. 그러나 나에게 가족은 다른 개념이다. 지금 내 곁에 머물러 주고 나와 정을 나누는 이가 가족이라고 생각한다. 그런 이를 돌봐주고 책임을 질 수 있을 때 나는 행복하다. 그래서 더 억척같이 일하고 성공하려고 하는 것 같다. 제자들에게, 직원들에게, 가족들에게 무언가를 해주려 하고 책임을 지고자 하는 감정도 나에겐 행복이다.

마젠타는 바이올렛이 더해진 레드이다. 빛의 삼원색인 레드와 블루를 동일하게 혼합했을 때 나타나는 컬러로 밝고 맑은 핑크와 비슷하지만 다른 컬러이다. 마젠타는 이러한 속성 때문에 레드의 생명과 연결하여 희생적 사랑, 작고 사소한 것도 돌보는 보살핌의 컬러로 감사함을 표현할 때도 많이 사용되고 있다. 또한, 레드와 블루에서 만들어지는 바이올렛의 성향도 닮았기 때문에 높은 정신적 사랑, 배려와 포용, 자신과 그 밖에 모든 사람을 이끌고 보살피는 높은 이상을 가진 컬러로 표현되지만, 특정 계층의 지배욕, 우월함, 도도함, 자신감이 넘쳐 보이는 컬러로도 표현되고 있다.
나는 비즈니스를 할 때는 거침없이 말하며, 컬러 교육을 할 때는 악평을 많이 하는 편이라 나를 잘 모르는 이들은 나를 거만하게 보거나 이기적이고 다가가기 힘든 레드에 가까운 마젠타로 보기도 한다.

하지만 나는 따뜻한 위로와 배려로 힘이 되는 마젠타이기보다는 나만의 빛으로 지지와 응원을 전하면서 선한 영향력과 사랑을 줄 수 있는 마젠타로 거듭 성장하고 있다.

나는 다르다.
나의 얼굴은 새장 속에 살고 있다.
그래도 괜찮다.
외로워도 강하니까.

내가 담고 싶은 얼굴

나는 다르다.
나의 얼굴은 새가 되어 날고 있다.
그래도 괜찮다.
힘들어도 함께 할 수 있으니까.

HER'S WORDS

206 . 이상한 게 아니라 색다른 거야

컬러라는 도구를 통해 누군가에게 도움을 주고 가치 있는 삶을 살 수 있게 되어 나는 참 행복하다. 그들이 있어 내 삶에서 가장 빛나는 순간을 살고 있다.
글을 쓰는 내내 나는 나를 알게 되었고, 내 가족을 이해할 수 있었다. 더 늦기 전에 '미안하다.', '감사하다.'라고 말할 수 있어서 다행이다.

그러고 보니 이 글을 쓰기까지 참으로 감사한 분들이 많이 생각난다. 할 수 있다고 끝까지 믿어주신 휴인터렉트 이현영 대표님, 한결같이 믿어주고 버팀목이 되어 준 나의 친구이자 남편인 김영생 님. 사랑이 무엇인지 다시 가르쳐 준 나의 딸 이혜주 님. 지지와 응원을 아낌없이 해주었던 나의 연구소 식구들. 그리고 항상 엄마가 되어 준 나의 언니 김영애 님에게 고마운 마음을 전한다.

예민함 과 섬세함

박영숙

<컬러시간> 대표. 컬러인터랙터.
컬러를 도구로 마음을 두드리는 사람. 사람들과 함께 어울리는 것을 좋아하며 그들을 위로하고 응원하는 역할을 하고 있다. 공저「반짝이는 별빛 속 우리」
https://blog.naver.com/suk_colorstory

HER'S WORK

내가 하는 일은 일상의 휴식이 필요한 사람들에게 위로와 응원을 담아 마음의 쉼을 주는 일을 한다. 컬러테라피로 내면을 보듬고 컬러큐레이터로 퍼스널컬러를 진단하면서 외적 자존감을 높여준다. 또 감정 아로마와 색채심리 조향으로 즉각적인 힐링 시간을 준다. 관계에 대한 어려움을 겪는 이들에게는 컬러성향분석(CPA)을 통해 이해를 돕고 있다. 나는 컬러를 도구로 사용하기 때문에 다양한 연령대를 만나면서 즐겁게 활동하고 있다.

CORAL PINK

<애정, 조건 없는 사랑, 사랑의 지혜, 사랑의 공감과 배려, 짝사랑, 간절함, 연약한 사랑, 의존성, 소외감, 외로움, 예민함, 자기애와 희생. 위험으로부터 보호, 안도>

코랄핑크는 옐로우 골드 오렌지 핑크 레드가 섞인 컬러로 보는 사람과 빛의 양에 따라 다르게 보이며 따뜻하며 발랄한 컬러이다. 은은한 컬러감은 연약하고 힘이 없어 보이기도 하지만, 그 어떤 컬러와 함께 있어도 사랑스러운 분위기로 만들어 주는 힘을 갖고 있기도 하다.

HER'S STORY

나의 남다름은 보는 이에 따라 예민함과 섬세함으로 나뉜다. 나는 타인에게 상처받지 않고 내 마음을 지키려 예민하게 주변을 살핀다. 이런 모습은 상대에게 섬세하게 타인을 배려하는 모습으로 보인다. 도움이 필요한 사람들을 찾고 나를 희생하며 상대를 챙기는 행동이 실속 없어 보이지만 나에게 감사함을 표현한다면 그것으로 나는 만족감을 느낀다.

타인에게 받고 싶은 애정과 인정이 나의 예민함을 만들었지만 불편한 예민함이 아닌 편안한 예민함으로 나를 아껴주고 사랑해 주는 사람들과 함께하려 한다.

타인의 애정과 관심에서 독립하고 싶은 이들에게

"뭘 그렇게 예민하게 굴어?"
"왜 그런 것까지 신경 써? 나는 모르겠는데?"
"굳이 그렇게까지 해야 해? 실속 없는 녀석."

주변 사람들이 나에게 종종 하는 말이다. 나는 과할 정도로 주변을 살피는데 그들에게는 나의 행동이 타인에게 부담을 주는 것 같이 보이거나 나를 지키지 못하는 답답함으로 생각되는 모양이다.

한 행사장에서 있었던 일이었다. 알고 있던 강사로부터 3일간 진행되는 핸드페어 행사 중 하루 일정에 참여해 달라는 요청을 받았다. 기존 일정과 겹쳐서 고민되는 상황이었다. 하지만 내가 사는 지역에서 하는 행사였고 지금이 아니면 만나기 어렵다는 생각에 일정을 조정해서 참석하기로 했다. 행사 당일 한 참여자가 강사와 상담을 진행하는 동안 동행한 친구가 혼자 기다리고 있었다. 기다리는 게 지루할까 봐 나는 친구에게 컬러테라피 체험을 진행해 주었다. 그 모습을 본 강사는 나에게 말했다.

"여기서 영업하시면 안 돼요."

농담인지 진담인지 알 수 없는 말이었지만 나의 배려를 영업이라고 표현하는 모습에 당황스러웠다. 도움을 주고 싶은 나의 마음을 몰라주는 것 같아 서운했다. 그리고 나에겐 좋은 인연이라 생각했던 관계가 그분에겐 대가를 주고받는 비즈니스적인 관계였나 하는 생각이 들었다.

또 한 번은 온라인 밴드에서 강제로 퇴장당한 일도 있었다. 그 밴드의 대표인 강사가 진행한 수업을 들은 사람들이 정보교류와 개인의 발전을 위해 만든 모임이었다. 온라인으로 독서 모임도 하고 하나의 주제로 돌아가면서 일회성 강의도 진행하는데, 나는 그곳에서 사람들을 만나고 정보도 얻으며 즐거움을 느끼고 있었다. 그러던 중 나는 대표에게 사정상 다음 수업은 못 들을 것 같다고 말했는데 바로 밴드에서 강퇴당했다. 이유를 묻자 그녀는 수업을 듣는 이들만 함께하는 밴드라며 당연하다는 듯 답했다. 그 당시 나는 나에게 투자할 여유가 없던 때라 다른 수업에 참여할 수가 없었다. 금전적인 여유가 없다는 속상함과 이제는 그룹에 속하지 못하게 된 서러움이 상처로 남았다. 그녀가 내세운 조건이 부당하다고 생각했고, 소속감과 유대감을 돈으로 주고받는 듯한 느낌에 허탈했다.

나에게 소속감과 유대감은 큰 의미가 있다. 나는 무엇이든 사람들과 함께하고 싶어 한다. 어린 시절 혼자였던 시간이 길어서 일까. 사람들과 함께하고 싶은 마음이 남들보다 더 큰 것 같다. 내가 생각하기에 나는 상대가 듣고 싶어 하는 말을 잘한다. 상대가 내 곁에서 오랜 시간을 함께하고 싶도록 본능적으로 이유를 찾고, 상대에게 필요한 사람이 되려 애쓴다. '실속 없는 녀석'이라는 핀잔을 들을 때도 있지만 내 것을 챙기기보다 상대에게 잘하려 노력한다.

나는 챙김을 받는 것보다 내가 상대를 챙기는 것에 익숙하다. 어린 시절엔 매일 바쁜 부모님에게 걱정을 끼치지 않으려 애썼다. 내가 철없는 행동을 하면 부모님께 사랑받을 수 없다는 불안한 마음 때문이었다. 그래서 원하는 것을 요구하기보다는 눈치를 보기 바빴다. 포기와 노력은 나에게 익숙한 패턴이었다. 고된 하루를 보낸 부모님에게는 나름 애쓰고 있는 내 모습이 보이지 않았고, 항상 무엇이든 잘해야 한다는 압박감을 느꼈다. 그래서 지금도 나는 칭찬과 격려에 익숙하지 않고 작은 성의에도 쉽게 감동한다.

내가 남들과 조금 다르다는 것을 알아차리게 된 것은 사람 냄새나는 나의 스승, 이현영 선생님을 만나고 나서였다.

"선생님은 코랄 빛을 내는 산호초 같으세요."

나는 코랄이 어떤 색인지 궁금해서 얼른 찾아보았다. 산호초는 청량감이 느껴지는 푸른 바닷속에서 온몸으로 핑크빛을 뿜어내고 있었다. 사랑스러웠다. 그 곁에는 알록달록 다양한 열대어들이 무리 지어 있었다. 사진 속의 산호초는 한번은 직접 보고 싶을 만큼 너무나 매력적이었다. 이렇게 매력적인 모습이 나라니. 입꼬리가 올라갈 정도로 기분이 좋았다.
그런데 컬러를 공부하면서 산호초의 또 다른 모습을 알게 되었다. 돌처럼 단단해 보이는 겉모습과 달리 속은 텅 비어있었고 작은 오염에도 취약했다. 또한 다양한 열대어가 자기 곁에 맴돌도록 항상 자신을 빛내야 했다. 선생님이 본 나의 코랄 빛은 어떤 의미였을까. 미처 몰랐던 내 모습을 확인한 순간이었다.

생각해 보면 나는 괜찮지 않은 상황에서도 '괜찮아. 그래도 감사해.'라는 생각을 많이 한다.
폭우가 내린 어느 주말이었다. 아파트에 낙뢰가 떨어져 에어컨과 엘리베이터가 고장이 났다. 매시간 불볕더위와 온열질환의 경보가 울리고 있는 최악의 상황이었지만, 운동도 하고 다이어트도 된다면서 긍정적으로 견뎌내고자 애썼다. 또 건강상의 이유로 가족의 병원비가 매년 몇백만 원씩 나가고 있지만, 스스로 움직일 수 있고 일상생활을 이어갈 수 있는 것에 감사해하고 있다. 나는 전혀 괜찮지 않은 상황에서도 괜찮은 척하며 버텨 내는 것이다. 슬픔, 좌절, 분노, 원망 등 다양한 부정적인 감정을 생각한다면 끝도 없는 자책으로 나의 일상이 멈춰버릴 것 같기 때문이다.

나는 부모님의 자식으로서 두 아이의 엄마로서 한 사람의 배우자로서 내 가족을 나보다 더 챙겨야 한다는 책임감이 남들보다 더 강한 것 같다. 이런 내 모습을 다른 사람들이 보기에는 가족에게 헌신하고 사랑이 넘치는 섬세한 사람으로 보일지 모르지만 나를 돌보지 못하고 가족만 챙겨야 하는 상황이 종종 나를 처량하게 만든다.
그런데 아이러니하게도 그런 마음이 들 때마다 나는 오히려 나의 도움이 필요한 사람을 찾았다. 최소한 그들은 나에게 고마움을 표현했고 나의 헌신을 당연함으로 생각하지 않았다. 가족에게 느끼는 책임감은 무거운 가방을 메고 움직이는 것처럼 버거운 마음이 들었지만, 그들에게는 그런 마음이 들지 않았다. 내가 도움을 주고 싶은 마음만큼 자유롭고 가벼운 마음이 들었다. 상대에게 감사하다는 말을 듣거나 나의 능력에 대한 인정을 받는 순간 피폐해진 마음에 따스한 단비 같은 행복함이 느껴진다. 또 도움받은 상대가 편안해 보이거나 행복해 보이면 그 모습에 나도 위로받고 힘이 났다. 그렇게 하면 괜찮아진 것 같은 기분이 들었지만, 어쩌면 나 스스로 내 마음을 외면했던 게 아닐까 하는 생각이 든다.

가끔 사람들은 "영숙쌤은 못 하는 게 뭐야?"라고 묻는다. 나는 못 하는 게 없는 게 아니라 노력하는 것이다. 나는 노력의 결과를 사람들에게 인정받는 것처럼 느껴질 때 안정감을 느끼고, 나에게 쏟아지는 관심과 애정이 좋다. 때로는 나의 최선이 나의 가치를 증명하는 것 같은 생각에 밤을 새우며 지나치게 열심히 온 에너지를 불태운다. 다른 사람의 기대가 담긴 일은 더욱 완벽하게 하려 집착하곤 한다. 나에게 주어진 역할이 있고 그 일을 잘 해낼 때 내가 세상에 존재해야 하는 이유를 찾은 기분이 든다.

학창 시절 다양한 동아리 활동을 했는데 가장 기억에 남는 동아리 활동은 방송반이다. 앞에 나서서 하는 리더 역할은 부담스럽지만, 곁에서 도움 주는 역할은 즐겁다. 소속감과 책임감은 나의 능력을 최대치로 올리는 힘이 있는데 방송반에서의 활동은 나의 자존감을 높여주었다. 나는 음악 담당이었지만, 글도 쓰고 방송도 하고 나중에는 기술적인 부분까지 맡게 되었다. 선배들에게 사랑받고자 노력했고, 동료들에게 꼭 필요한 존재가 되고자 애썼고, 선생님들께 인정받고 싶어서 뭐든 열심히 했다. 그래서 심부름은 언제나 내 몫이었고 나의 등하교시간은 남들보다 빠르거나 늦었다. 지금 생각하면 매일 힘들고 지쳤지만 관심과 애정을 받기 위해 미련할 정도로 착한 척을 한 것 같다.

얼마 전 나에게 "선생님도 힘든 게 있을 텐데 어떻게 그렇게 타인을 감싸 줄 수 있어요? 전 그게 신기해요."라고 물었다. 한 번도 듣지 못했던 질문이었다.
나라고 왜 힘든 게 없을까. 친절한 모습으로 상대를 배려해도 어떤 이들은 나를 무시하기도 하고, 나의 챙김을 당연하게 생각해서 자기 비서처럼 대하기도 한다. 그런데도 나는 그들이 나를 외면하지 않기를 바랐고 오히려 거리감이 생기지 않도록 그들에게 더 잘하려 애썼다. 누군가가 나를 싫어하고 외면하는 것이 너무나 슬펐고 견디기 힘들었다. 외롭거나 쓸쓸하다고 느낄 때마다 사람들을 찾았고 그들에게 인정받고 싶었다. 상대를 챙겨주면서 불안함을 감추려 한 것인데, 겉으로 보기에는 그런 내 모습이 오히려 여유로워 보였을지도 모르겠다.

나의 챙김은 '내가 당신을 이렇게 많이 배려하고 있어요. 당신은 나에게 소중한 존재입니다.' 라는 의미를 담고 있다. 상대에게 받고 싶은 애정을 내가 베풂으로써 자기만족을 하는 것이다. 그래서 상대가 나에게 베푸는 호의는 고맙기도 하지만 부담스럽다. 종종 상대가 나의 식대를 계산하면 나는 불편한 마음이 든다. 그래서 디저트나 커피 쿠폰 등으로 꼭 보답을 해야 마음이 편하다. 잘 보이고 싶어 하는 마음일 수도 있으나 받은 것은 반드시 돌려줘야 한다는 강박감이 상대의 호의를 예민하게 받아들이는 것 같다. 이런 예민함을 어떤 이는 섬세한 배려로 생각하기도 한다. 반면에 왜 그런 거까지 신경을 쓰냐며 피곤한 삶을 살아간다고 타박하는 이도 있다.
나는 이렇게 예민하지만, 앞으로도 끊임없이 사람들을 만나서 관계를 맺고 살아가야 한다. 나의 챙김이 남들에게는 과한 배려, 넘치는 애정으로 보일 수 있다. 하지만 나는 내가 챙긴 이들이 행복해하는 마음에서 나도 행복함을 느끼는 사람이다. 때론 실속 없어 보여도 내 곁에서 나를 소중하게 대해주는 이들에게는 여전히 아낌없이 주는 나무가 되고 싶다.

그동안 나는 내가 좋아하는 사람과 무엇이든 함께하고 싶었고 내가 즐거우면 무조건 상대도 즐거울 거라고 착각했다. 이제는 타인과 내 모든 시간을 공유하는 것은 불가능하고, 무엇이든 같이하고자 하는 것은 나의 집착이자 과하게 기대려는 마음이라는 것을 인정하려 한다. 나를 소중하게 대해주지 않는 이들이라면 조금은 거리를 두고 상처받지 않도록 노력할 것이다. 그리고 타인의 애정을 받기 위해 무리하게 애쓰지 않으려 한다.
그리고 불편해진 관계를 자연스럽게 정리하는 내면의 힘을 기를 것이다. 불편해진 사람의 곁에서 상처받고 우울해하는 내가 아닌 사람들 사이에서 행복함으로 반짝거리는 온전한 내가 되기를 바란다.

사랑스러움이 가득한 진짜 코랄핑크가 되고 싶다.

나는 예민해서 그런지 매사에 남들보다 생각을 많이 하는 편이다. 나의 코랄핑크의 섬세함과 순수함은 어린아이 같은 솔직함을 갖고 있다. 상대의 말 한마디와 행동 하나에도 나의 머릿속은 다양한 감정들로 난리가 나지만 겉으로는 괜찮은 척하고 있다. 사람들에게 상처받지 않으려고 나의 감정을 숨겨 보지만 칭찬받고 싶어 하는 어린아이 같은 마음은 어쩔 수 없이 겉으로 드러난다.

나의 감정을 이모티콘으로 표현해 보았다.

HER'S WORDS

226 . 이상한 게 아니라 색다른 거야

내 생각을 글로 담아내기는 어려웠지만 결국 해냈다!

이끄는 이와 동행하는 이들이 있었기에 가능했던 도전이라고 생각한다. 글을 쓰면서 나라는 사람에 대해 진지하게 생각해 보았다. 내가 바라보는 시선, 내가 느끼는 감정, 나의 행동 패턴 등 남들과 다르다고 느꼈던 나에 대해 알아가는 시간이었다. 내가 이상한 사람이라고 느꼈던 마음에 이상한 게 아닌 남다르다는 의미를 두었더니 스스로 부족하다고 여겨졌던 부분도 사랑스럽게 바라보는 힘이 생겼다. 덕분에 글을 다 쓴 지금은 나 자신을 응원하게 된다. '지금도 충분히 잘하고 있어!'라고 말이다.

나를 돌볼 수 있도록 곁에서 함께 해주신 모든 이들에게 감사의 인사를 전한다.

어둠과 빛

이현영 🌸

<휴인터랙트> 대표. <컬러인터랙터> 창시자.
컬러를 통해 소통하는 사람. 아이부터 어른까지 상담은 물론 강연과 방송 등 색다른 방법으로 나 자신을 만나는 시간을 함께 나누고 있다.
「색깔 하나 바꿨을 뿐인데 모든 게 변했다」 저자.
@hueinteract

HER'S WORK

<컬러인터랙터>란 누구나 쉽게 만날 수 있는 컬러라는 도구를 활용하여 서로 간의 상호작용을 통해 살아가는 삶과 순간을 함께 나누는 이를 말한다. 일상 속 컬러가 주는 힘을 안내하여 색다른 시선을 갖게 하고 내가 선택한 컬러 즉, 컬러테라피를 통해 심신 상태 체크 및 셀프 치유법을 전한다. 사람의 외면과 내면 그리고 감정까지 컬러로 표현하며 컬러를 고르듯 내가 나를 선택하고, 나답게 살아가는 방법을 나눈다. 컬러를 활용할 수 있는 모든 분야의 전문가들과 함께 나누고 있다.

BLACK

<암흑, 고독, 절망, 공포, 권위, 엄숙, 절제, 방어 등 억압된 감정과 억제된 정서, 세련, 위엄, 중후, 고급스러움, 카리스마>

블랙은 모든 빛을 흡수하는 컬러로 내재 된 힘이 강한 카리스마 있는 컬러이다. 죽음과 애도, 침묵 등 가장 어둡고 부정적인 의미가 많은 컬러지만 완결의 끝과 동시에 결단성을 지닌 위엄, 새로운 시작을 의미하기도 한다. 가장 다양한 은유가 가능한 미스터리한 컬러이지만, 매일 밤을 맞이하는 우리에게는 가장 강력한 일상의 컬러이기도 하다.

HER'S STORY

누구나 한 번쯤 눈앞이 깜깜하고 막막한 순간을 맞이할 때가 있다. 도대체 왜 나에게만 자꾸 이런 일이 찾아올까 싶은 일들이 줄지어 찾아오기도 한다. 여러 차례 지나고 보니 어둡고 힘든 순간을 마주하고 있는 이들과 공감을 나눌 힘을 얻게 되었다.
때로는 어둠이 쉼을 선물하기도 한다. 나다운 방법으로 빛을 향해 나아가고 있는 나의 이야기를 담고 있다.

어둠 속 빛을 찾고 있는 이들에게

"선생님은 모든 사람이 다 이해가 되세요?"

여러 사람과 다양한 일을 하다 보면 가끔은 억울한 일이 생기기도 하고 원치 않은 오해를 받게 될 때도 있다. 이럴 때면 누군가는 나에게 왜 따져 묻거나 화를 내지 않는지, 어떻게 이해해 줄 수 있는지 신기해하는 사람도 있다. 하지만 나는 고백하건대, 어느 순간부터 사람들을 애써 이해하려 하지 않는다. 다만 있는 그대로 인지하고 존중하고자 했다. 내가 보는 모습은 지극히 개인적인 부분일 뿐 그 시각이 상대의 모든 면이라 생각하지 않기로 했다. 나름 오랫동안 수많은 사람의 밝거나 어두운 양면의 면모를 보았다. 또 함께 지내오며 누구나 이유가 있고 어떤 선택이든 깊은 고민이 있었다는 것을 알게 되었다. 컬러로 말하자면, 모든 컬러가 더해져 만들어진 블랙과 같은 상태가 되어 보고서야 모든 사람의 틀림이 다름으로 보이기 시작했던 것 같다.

"쉬운 길을 두고 왜 그리 어둡고 힘든 길을 걸어가세요?"

나는 <컬러인터랙터>라는 새로운 직업명과 나만의 콘텐츠를 개발했다. 다양한 프로그램과 전문가 과정, 강사 양성까지 성장하게 되면서 나아가 더 화려한 무대와 빛나는 일타강사를 꿈꾸지는 않는지 묻는 이들도 있었다. 그런데 어쩌면 나는 남들이 생각하는 것보다 훨씬 더 큰 꿈을 꾸고 있는 욕심쟁이일지도 모른다. 나를 만나는 사람들이 조금 더 행복해졌으면 좋겠고, 누군가에게 내가 한 줄기 빛이 되어주고 싶었다.

분명 나를 믿고 함께해 주는 사람들에게 좀 더 좋은 것을 전하고 싶어서 욕심을 내본 적도 있다. 내가 유명해지면 부모님의 걱정을 덜어드리고 나의 아이에게도 조금 더 안정된 삶을 선물할 수 있지 않을까 하고 생각하기도 했다.

그런데 어느 날, 빛나던 무대 위에서 눈부시게 빛나는 스포트라이트를 받는 순간 깨달은 것이 있었다. 나에게 빛이 강하게 집중된 만큼 오히려 관객은 잘 보이지 않았고 소리도 잘 들리지 않았으며 너무나 멀게 느껴졌다. 외로웠고 무서웠으며 무엇보다 행복하지 않았던 것 같다. 오히려 나는 늦은 밤 함께 걷던 아이가 내 손을 꼭 잡고 했던 말에서 나의 기쁨과 행복을 찾을 수 있었다.

"엄마랑 있으면 하나도 안 무서워. 엄마가 나한테는 빛이니까."

유명해진 나보다 진짜 행복한 내가 되길 바라는 사람들이 내 곁에 함께하고 있음을 알기에 어둠이 무섭지 않고 오히려 기쁘고 감사하기만 하다.
우리 아이에게만큼은 비밀이지만 사실 나도 겁이 많은 편이다. 그런 나에게 또 누군가는 말한다.

"너 참 겁도 없다. 어떻게 그런 결정을 했어?"

평소 워킹맘으로 다양한 역할을 홀로 감당해 나아가는 나의 모습에 당당하고 단단한 사람으로 바라봐 주는 이들이 많았다. 특히 큰일을 결정할 때 나는 의외로 결단력 있는 사람이 된다. 나도 처음엔 무서웠지만 이미 여러 차례 어둠을 경험하면서 예전보다는 조금 더 빠르게 빛을 찾아내고 다시 길을 걸어가기 위해 빠른 결정을 할 수 있게 되었다. 아마도 어둠 속에도 빛은 존재하며 지나고 나면 분명 더 밝은 빛이 찾아온다는 것을 이미 알고 있기 때문인 것 같다.

우리는 일상 속 낮과 밤을 매일 맞이한다. 이처럼 살아가며 그런 순간은 매번 찾아오는 것 같다. 여전히 힘들고 어두운 상황들에 두렵고 겁나지만, 당황하지 않고 침착하게 어둠을 마주할 수 있는 것은 그동안 수많은 어둠을 지나와 봤기 때문인 것 같다. 주변에서는 그 깜깜한 순간들에도 어쩜 그리 잘 견디고 이겨낼 수 있냐며 이상해할 만큼 단단해졌다고 말해준다.

그러게, 내가 생각해 봐도 참 많이 단단해졌다. 나의 두려움이 단단함과 당당함으로 이어지기까지 공황과 불안, 상처와 트라우마 등 수많은 경험과 과정들은 나의 저서「색깔 하나 바꿨을 뿐인데 모든 게 변했다」에도 담겨 있다. 이 책 속 이야기를 통해서도 알 수 있듯 나의 지독한 어둠과의 싸움은 꽤 오래 이어져 왔다.

어릴 때는 착한 아이 증후군을 가진 아이처럼 모두에게 마냥 좋은 사람이 되고 싶었던 것 같다. 미움받고 싶지 않고 실망시키고 싶지 않았던 나는 힘듦이나 불편한 감정을 솔직하게 표현하지 못했다. 무엇보다 싸움과 갈등이 싫어서 무조건 가해자를 용서했고 내가 미안하다고 사과할 때도 많았다. 아무리 주변에서 미련하고 답답하다고 말해도 나는 이것이 최선이라 우겼다. 주변의 평화를 얻어내곤 했지만, 그 순간마다 나 자신을 잃어가고 있었다. 버텨내지 못했던 마음은 결국 몸까지 아프게 만들기도 했었다.
게다가 갑작스레 찾아온 소중했던 사람과의 이별은 떠나갈 수 있음에 대한 두려움을 키웠다. 누군가를 미워할 수도, 탓할 수도 없는 상황들이 이어지면 모든 잘못과 안 좋은 일이 일어나는 이유를 내 자신의 탓으로 돌리며 스스로 더 깊고 깊은 어둠 속 터널에 가둬 두기도 했었다.

'왜 나에게만 이런 일이 일어나는 것일까?'

특별한 이유 없이 극단적인 불안 증상이 나타나는 '공황'이라는 어둠도 만난 적이 있다. 누군가는 어둠이 찾아오면 극복해 내야 한다고 소리쳤다. 나 역시 극복해 보기로 다짐도 여러 차례, 하지만 나는 더 숨이 막혀오는 듯했다. 사람마다 불안 증상은 다르게 나타나는데, 나에게 찾아온 불안함의 신호는 숨을 쉬지 못하는 증상으로 나타났다. 그때 나는 그 어떤 외침보다 가장 먼저 숨을 내뱉었어야 했다. 나를 보호하고 챙기기 위해서라도 살아갈 힘부터 챙겨야 했다.

그 순간 나는 차라리 잠시 눈을 감기로 했다. 무작정 보이지 않는 길을 걸으려 애쓰는 것이 아니라 오히려 눈을 감고 내 안의 나를 만나 내가 하고 싶은 진짜 이야기를 들어주기 시작했다. 온전히 나의 시선과 나의 마음으로 나를 들여다보기로 했다. 어디가 아프고 불편한지, 어떤 감정인지를 살펴봐 주고 인정해 주는 것이 먼저였다.

어쩌면 이런 나라서 '어둠 속의 대화'라는 체험을 좋아해 왔는지도 모르겠다. 다녀가는 사람들 모두 약속이나 한 듯 자세한 후기를 남기지 않는 것처럼 프로그램 특성상 나 역시 상세한 설명을 해줄 순 없지만, 분명 힐링이 되는 순간임은 틀림없었다. 가끔 힐링이 필요할 때면 백 분간 빛이 없는 어둠 속, 온전히 내 감각을 느껴보는 시간을 가져 보곤 한다. 어둠이 더 편안한 사람들을 만나본 적이 있는가. 그 시각 어둠을 안내하는 로드 마스터가 했던 이야기가 떠올랐다.

"차라리 눈을 감는 편이 나으실 거예요. 빛이 없는 공간이라서 보려고 해도 아무것도 보이지 않아요. 자꾸 보려고 애쓰게 되면 눈만 더 아프게 할 수 있답니다."

아마 나도 어둠 속 보이지 않는 것을 보려고 애쓰다가 나 자신을 피곤하고 힘들게만 했을 수도 있겠다는 생각이 들었다.
나와 함께 체험했던 사람 중에 폐쇄된 공간이나 어둠을 더 두려워하는 이들도 있었다. 그런 분들과는 사전의 충분한 설명과 함께 나와 손을 꼭 잡고 천천히 동행해 보기로 했다. 처음에는 손이 저리고 축축해질 만큼 땀이 나도록 내 손을 꼭 잡고 있었는데, 한 5분쯤 지나자 손끝부터 나 역시 상대가 편안해지고 있음을 느낄 수 있었다. 그리고 다시금 어둠을 지나 빛나는 세상을 만났을 때 모두 내게 말했다.

"처음에는 불안함에 긴장되었지만, 낯선 공간과 시간에 적응하는 데 그리 오래 걸리진 않더라고요. 보이지 않는 것에 집중하기보다 소리와 향기, 손끝으로 찾아오는 촉감을 천천히 느끼게 되면서 편안함마저 느낄 수 있었어요."

그리고 이어서 들려준 이야기는 나 또한 어둡게만 느꼈던 터널을 더 이상 두려워하지 않고 즐길 수 있게 된 계기가 되었다.

"선생님이 제게는 빛이었어요. 손잡아 주시고 들려주신 밝은 목소리 덕분에 끝까지 해낼 수 있었어요. 선생님께서 말씀해 주셨잖아요. 분명 우리를 기다리는 것은 빛이라고요."

이미 내가 경험해 보았기에 해줄 수 있는 이야기였다. 나의 어둠이 빛을 보는 순간이기도 했다. 또한 누군가에게 빛이 되어 주기 위해서는 함께 어둠 속에서 걸어주는 것이 필요하고 그것이 어쩌면 내가 잘할 수 있는 일이 아닐까 하는 생각을 하게 된 날이었다.

누구나 한 번쯤 두렵고 무서운 어둠을 만나는 순간이 있다. 처음에는 나 역시 우왕좌왕했지만, 이제는 알고 있는 것들이 생겼다. 그 어둠 속에도 빛은 존재하고 그 순간들을 지나면 더 환한 빛이 찾아온다는 사실을 말이다.

"선생님! 요즘 저를 생각하면 떠오르는 컬러가 블랙인데요. 우울하거나 혹시 문제 있는 건 아닌가요?"

컬러를 통해 나 자신을 만나는 과정을 함께하는 컬러인터랙터로 사람들과 이야기를 나누다 보면 유독 어둡고 부정적으로 생각하는 컬러가 바로 블랙이었다. 당연히 사람마다 바라보는 시선과 선택한 이유가 다르기에 별이 빛나는 반짝이는 밤하늘과 아름다운 은하수가 떠오른다고 하는 사람들도 있다.

앞의 질문으로 돌아가 블랙과 우울함에 관한 대답을 하

자면 '그렇지 않다.'이다. 다양한 빛으로 표현되는 컬러는 '누구도 같은 컬러를 볼 수 없다.'라는 말이 있듯 어떻게 보고 느끼는지 정답을 내리기 어려운 문제다. 다만 나오려고 하면 할수록 더 깊게 빠지게 되는 블랙홀처럼 블랙을 보면 무섭거나 두려운 순간을 떠올리거나 공포감을 떠올리는 사람들이 많다는 것은 사실이다. 그래서 이러한 질문에 대해 내 생각을 답하기보다 또 다른 시선으로 바라보고 직접 느껴보며 스스로 생각해 보는 시간을 갖도록 또 다른 질문을 던지기도 한다.

"블랙하면 무엇이 떠오르시나요?"
"밤, 동굴, 어둠이요."
"그럼, 이번에는 우리 한번 잠시 눈을 감고 터널 속에 있다고 생각해 볼까요? 지금은 기분이 어떠세요? 무엇이 떠오르시나요?"

누군가가 나에게 묻는다면 '어둠과 빛'이라 대답했을 것이다. 나에게 블랙은 말 그대로 어둠을 지나게 되면 빛을 만나는 순간도 찾아오기에 '새로운 시작의 터널' 이야기로 나눠보기도 한다.

"모두 맞아요. 숨 막히는 답답함과 걱정, 온갖 부정적인 생각이 찾아올지도 몰라요. 하지만 우리는 기억해야 해요. 여기는 예상할 수 없는 동굴이 아닌 반드시 찾아올 빛이 있는 터널이라는 것을요. 걸어가는 길은 어둠 속일지라도 걷고 또 걷다 보면 터널의 끝, 분명 밝은 미래와 새로운 시작이 찾아올 거예요."

그러고 보니 유독 나에게 찾아오는 내담자들은 어둡고 깊은 상처를 가진 사람들이 많았다. 현재 나는 아이부터 어르신들까지 모든 나이 대상으로 기업과 센터, 다양한 대상을 만나고 있다. 특히 가정과 학교 밖 청소년과 보호가 필요한 여성 쉼터나 도움이 필요했던 한부모 가족 시설과 특수아동 지원센터, 다문화가족센터 등 현장 사진과 후기를 남기기조차 조심스러운 사람들과의 만남이 잦았다.

얼마 전 다녀온 곳에서는 우크라이나 난민 아이들과 함께하는 시간이 있었는데, 흔히 또래 초등학생이 할 수 있는 고민이나 소원과는 너무 달랐다. 대부분 공부하기 싫거나, 게임하고 놀고 싶은 또래 친구들의 소원과 달리 '더 이상 사람이 죽지 않았으면 좋겠어요. 빨리 우리 집에 가고 싶어요.'라는 바람이 적혀있었다. 과연 이 아이들에게 무작정 괜찮아질 거라고 마냥 애써 웃어보라고, 힘내라고 말할 수 있을까. 이들을 보며 다시금 생각했다. 때로는 무작정 꿈과 희망을 품고 밝은 세상을 나갈 수 있다고 외치기보다 당장 밝은 빛을 마주할 수 없을지라도 어두운 터널을 잘 걸어 나갈 수 있도록 그 어둠 속에서 함께 손잡아 주고 있음이 필요할 수 있음을 말이다.

'나는 왜 어둠이 편할까? 어둠을 경험하고 있는 사람들과 만나면 왜 나는 오히려 살아있음을 느끼고, 그 안에서 내가 더 힘을 얻게 되는 것 같을까?'

분명 또 서로 다른 어둠을 경험하고 있는 것일 테지만 그래도 이제는 나의 어두운 경험과 상처들이 나에게 힘이 되어 주고 있었다. 내가 지나온 어둠은 결코 어둡고 힘든 기억만을 남기지 않았나 보다. 나를 더 단단하게 만들었고, 어쩌면 더 빛나게 만들어 준 것 같다.
만약 지금 누군가 동굴처럼 어둡게만 느껴지는 터널을 걷고 있다면 앞서 내가 했던 말을 다시금 기억해 보자고 말하고 싶다. 지금 내가 걸어가는 길이 어둡고 답답할지라도 걷고 또 걷다 보면 분명 터널의 끝, 내게도 밝은 미래와 새로운 시작이 찾아올 것이라고 말이다. 그리고 터널을 잘 지나고 나면, 이 경험을 해보지 못한 이들과 그 전의 나보다는 훨씬 더 강해진 나 자신을 만날 수 있음을 기억했으면 좋겠다.

컬러를 공부할 때도 어렵게만 느껴졌던 블랙을 몸소 느끼고 경험하며 또 하나를 배웠다. 누구나 생각지 못한 어두운 터널, 블랙 상태를 만나게 될 수 있다. 하지만 때로는 폭풍우가 내리고 눈보라가 몰아치는 터널 밖 세상보다 조금 더 어둡지만 내가 가야 할 길은 더 잘 보일지도 모른다. 덕분에 재정비하고 다시 나아갈 준비를 하는 밝은 빛과도 같은 시간일 수도 있음을 배웠다.

배움 뒤에는 연습과 훈련의 실행이 남아 있다. 나는 앞으로도 기꺼이 어둠속으로 들어가 <블랙의 터널>을 지나고 있는 이들과 함께 새로운 빛을 향해 걸으며 어둠을 당당히 마주할 것이다.

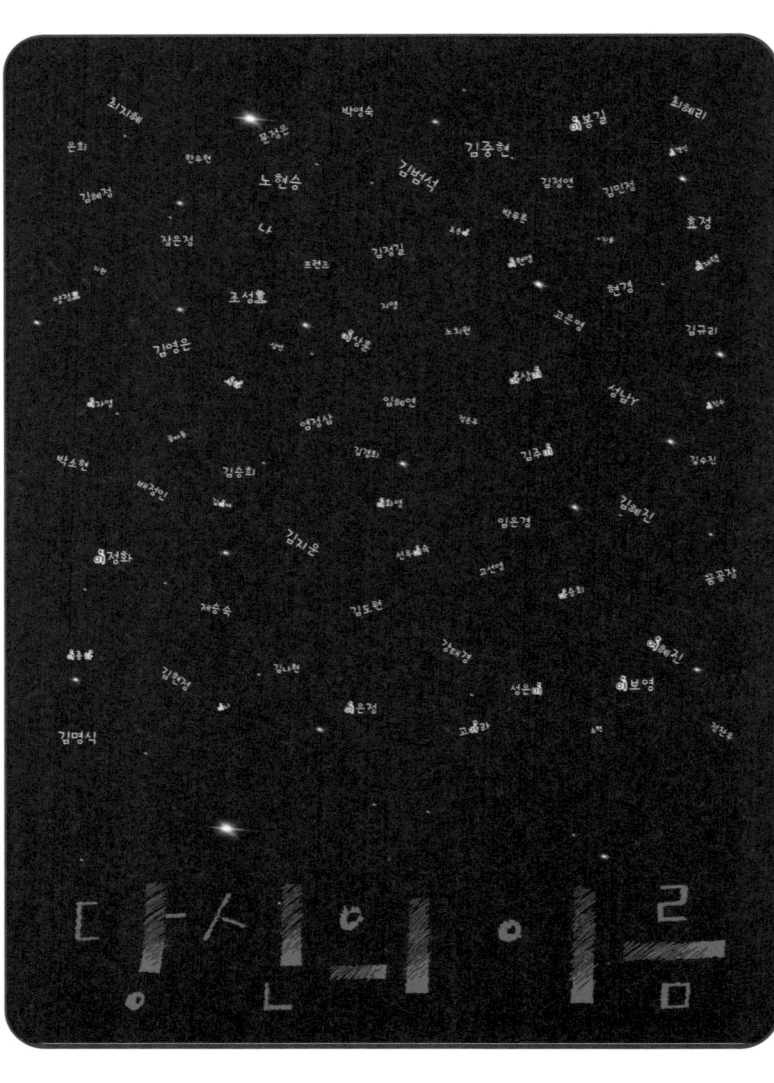

어둠이 주는 선물

어둠을 느끼고 있다면
지금껏 밝은 빛과
함께였다는 것입니다.

어둠이 찾아왔다면
환한 빛이 비치는 미래를 맞이할
준비를 하고 있다는 것입니다.

어둠이 지나간다면
전보다도 훨씬 더 눈부시게 빛나는
희망을 만나 볼 수 있을 것입니다.

이현영.

HER'S WORDS

250 . 이상한 게 아니라 색다른 거야

"어둠 속 빛이 되어준 당신의 이름을 찾으셨나요?"

나의 어두운 순간을 함께해 주신 분들, 지금껏 내게 큰 힘과 위로가 되어주셨던 모든 분에 대한 감사의 마음을 '당신의 이름'으로 대신 전하고 싶다.
어둠이 찾아오고서야 빛나는 것들이 보일 때가 있다. 어쩌면 나도 모르는 순간이지만, 누군가에게 삶의 희망과도 같은 빛이 되어주고 있을 수도 있다. 그러니 우리는 모두 지금도 기적 같은 순간을 함께하고 있고, 저마다 있는 그대로의 빛으로 세상을 밝혀주고 있음을 기억했으면 좋겠다.

이 책이 세상에 빛을 마주할 수 있었던 것은 또 하나의 어두운 터널과도 같은 과정에서 많은 분이 함께해 주신 덕분이다. 기꺼이 빛이 되어 애써주신 <고집북스> 고은영 대표님과 임혜연 작가님, 이종하 작가님께 진심으로 감사드린다. 그리고 말로 다 하지 못해도 충분히 알아주시리라 믿는 우리 열 명의 작가님께도 마음 다해 감사의 마음 전한다.

다르다.
"달라도 어쩜 이렇게 모두 다 다를 수 있을까요?"

<컬러인터랙터>, '색깔과 서로 간의 상호작용을 통해 함께 나누는 사람'들이 모여 글을 쓰기 시작하면서 다름은 절정에 다다랐다. 글의 색깔은 물론 과정의 속도와 방법 등 달라도 너무 달랐다. 그럴 때면 그 다름 역시 그대로 함께 나눴다. 글을 쓰고 또 서로를 바라보고 또 나누며 어느 순간 입을 모아 했던 말은 바로 '똑같다'였다.

똑같다.
"사람 참 똑같군요."

글 속에는 분명 저마다의 각기 다른 색깔을 담고 있다. 그러나 공저를 마친 지금 우리는 '맞아, 나도 그랬지. 나

<휴인터랙트> 대표 **이현영**

나름다움

만 그런 게 아니었구나. 모두가 아픔을 이겨내고 다름을 받아들이며 살아왔구나.' 하며 공감했고, 결국 하나로 어우러졌다. 그렇게 우리는 상담가도 전문가도 아닌 똑같은 사람으로, 그저 나라서 용기 내어 진솔한 나의 이야기를 꺼낼 수 있었다. 색다름을 경험해 온 우리였기에 낯설지만 말이 아닌 글이라는 색다른 방법으로 나를 끝까지 담아낼 수 있었던 것 같다.

고맙다.
"가장 평범하지만, 이보다 앞선 마음은 없는 것 같아요."

사람에 감사하고, 마음에 감사하며, 이 순간을 함께 나눌 수 있음에 참 고맙다.

나름답다.
"우리 참 아름답네요."

15세기 문헌 [석보상절]에서 살펴본 '아름답다'의 어원은 아답다, 즉 '나를 뜻하는 아(我)'로 '나다운 것이 아름다운 것'이라 뜻하고 있다. 내가 만난 사람들은 마치 바위틈 속 자라난 아름다운 꽃과 같았다. 온실 속에서도 피워내기 힘든 꽃을 폭풍우가 불어오는 야생에서 나답게-아름답게 피워낸 이들이었다. 특별한 힘이 있어서가 아니다. 다만 폭풍우가 지나간 뒤, 나만의 무지개를 띄워보고서야 알게 된 것이 있었다. 내 마음의 땅을 단단히 만들고 눈물과 상처를 영양분 삼아 나다운 나를 가꿔가고 있을 뿐이다.

<휴인터랙트-컬러인터랙터>라는 이름을 처음 만들었을 때는 나 혼자였고 앞으로 걸어갈 길조차 보이지 않았다. 단단한 땅이 있고 건강한 거름을 뿌려두고자 노력했더니 어느 순간 씨앗 같은 사람들이 동행해 주기 시작했고 예쁜 꽃들과 나비들이 되어 또 하나의 세상을 만들어 주었다. '나름다움 시리즈' 글쓰기 과정 역시 혼자가 아니라 함께여서 가능했다. 나에 대해 알고 싶고, 나다운 아름다움을 찾기 원하는 이들과 앞으로도 나름다움을 마주해 가고자 한다. 또 「나름다움 No. 2」를 함께할 이들과 맞이할 빛나는 순간도 기대해 본다.

[나름다움 No.1]
이상한 게 아니라 색다른 거야

ⓒ 김혜진 이화영 박소현 마승희 마상미 박수진 김도원 어혜진 김지운
박영숙 이현영, 2023

발행일	2023년 10월 5일
지은이	김혜진 이화영 박소현 마승희 마상미 박수진 김도원 어혜진 김지운 박영숙 이현영

기 획	이현영
펴낸이	고은영
펴낸곳	GOZIPbooks
출판등록	2000년 11월 26일 (제2020-000048호)
주 소	충남 천안시 서북구 불당4로 38
대표메일	savvy75@hanmail.net
인스타그램	@gozipbooks
ISBN	979-11-983855-0-5

▪이 책은 저작권법에 따라 보호받는 저작물이므로 무단전재와 무단복제를 금합니다.
▪책값은 뒤표지에 있습니다.